I0504039

www.ingramcontent.com/pod-product-compliance
Lightning Source LLC
Chambersburg PA
CBHW070610220526
45467CB00003B/1370
* 9 7 8 1 7 1 6 8 2 6 3 5 1 *

لَنا بَيتٌ عَلى عُنُقِ الثُرَيّا

بَعيدُ مَذاهِبِ الأَطنابِ سامِ

تُظَلِّلُهُ الفَوارِسُ بِالعَوالي

وَتَفرِشُهُ الوَلائِدُ بِالطَعامِ

أبو فراس الحمداني

الفهرس

الفصل الأول

الخطوة الأولى قبل الانطلاق
نحو الثريا

تحديد الأهداف

إن البحث عن وظيفة مهمة صعبة حتى لو كان لديك هدف واضح، فما بالك إذا كنت لم تحدد هدفك بعد و لا تستطيع أن تفهم ما ستكون عليه مهنة احلامك.

قد تسمع الكثير من الناس وهم يرشدونك في كيفية اختيار الوظيفة المناسبة لك وهم يقولون "افعل ما تحب فحسب"، ماذا لو كان ما تحبه هو كرة السلة أو التزلج على الجليد ولكن ليس لديك الإمكانيات الآن لكي تصبح رياضيا محترفا في سن الرابعة والعشرين.

في بعض الأحيان يكون قد فات الأوان لذا ركز على من أنت الآن وتذكر أن كل البشر يبرعون في شيء ما (وحتى أنت) قد تكون في بداية رحلتك نحو الوظيفة أو ربما ترغب في تغيير مهنتك. أيا كان هدفك فهذا الكتاب سيأخذك خطوة خطوة نحو تحقيق هذا الهدف.

ماذا لو لم أكن أعرف الوظيفة المناسبة لي؟

<u>بوجود الآلاف من الخيارات</u>، كيف يمكنك اختيار المهنة المناسبة لك؟ وخاصة إن لم تكن لديك فكرة عما هو الأنسب بالنسبة لك، ستكون عملية الاختيار مهمة صعبة. لحسن الحظ، توجد طريقة للتغلب على هذه العقبة. كل ما عليك فعله هو التفكير بروية وترتيب أفكارك، وهذا سيزيد فرصك لاتخاذ القرار الصحيح.

اتبع الخطوات التالية لتحديد الوظيفة المناسبة لك

1) قيِّم نفسك.

عليك أن تتعلم المزيد عن نفسك قبل اختيار المهنة المناسبة لك. أن تتعرف على قيمك، واهتماماتك، ومهاراتك العاطفية والاجتماعية وكفاءاتك. كل ما سبق مدمجا مع نوع شخصيتك، هذه الأمور مجتمعة تجعل من بعض المهن مناسبة جدا لك، بينما مهن أخرى قد تكون غير ملائمة على الاطلاق.

استخدم أداة التقييم الذاتي، أو ما يطلق عليها عادة اختبارات اختيار المهنة، لتقوم بجمع معلومات عن صفاتك وبعد ذلك تجميع قائمة من المهن المناسبة لك بناء على سماتك. بعض الناس يختارون العمل مع مستشار للمهن أو أحد المختصين بالتطوير المهني ممن يمكنه مساعدتهم لتجاوز هذه المرحلة.

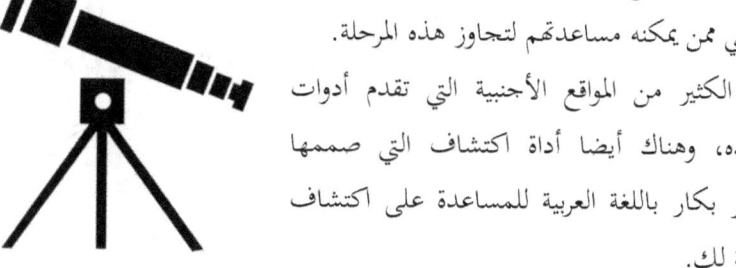

توجد الكثير من المواقع الأجنبية التي تقدم أدوات الإختبار هذه، وهناك أيضا أداة اكتشاف التي صممها الدكتور ياسر بكار باللغة العربية للمساعدة على اكتشاف المهنة المناسبة لك.

يمكنك زيارة موقع الأداة من الرابط التالي

https://www.iktshaf.com/quizes/acia

2) جهِّز قائمة تتضمن عدد من المهن التي يتوجب عليك اكتشافها والبحث حولها.

على الأغلب، توجد أمامك الآن عدة قوائم مختلفة لمجموعه من المهن _ إحداها تم تجهيزه من قبل أداة التقييم الذاتي التي تحدثنا عنها منذ قليل. لتحافظ على نظام عملك، قم بتجميع هذه القوائم في قائمة واحده رئيسية.

في البداية، قم بتدوين المهن المختلفة من القوائم على صفحة فارغة تحت عنوان "مهن يتوجب عليّ البحث حولها". أداة التقييم الذاتي الخاصة بك اقترحت هذه المهن باعتبارها مناسبة لك بناء على شخصيتك وسماتك، لذلك يتوجب عليك أخذها بعين الاعتبار.

بعد ذلك، قم باختيار المهن التي جذبتك من القائمة. قد تكون مهن لا تعرف عنها إلا القليل وتحتاج للبحث أكثر حولها. قم بإضافة هذه المهن التي لا تعرف عنها الكثير. لربما تتعلم أمرا غير متوقع. أضفها الى لقائمتك الرئيسية.

3) استكشف المهن الموجودة على قائمتك.

والآن ابدأ بتجميع معلومات أساسية حول كل من المهن الموجودة في قائمتك. سيكون من الرائع لو تمكنت من تقليل الخيارات لـ 10 او 20 خيار فقط!

ابحث عن الوصف الوظيفي والمتطلبات الدراسية، والتدريبات والشهادات لكل وظيفة من المصادر على الإنترنت أو من المكتبة العامة في مدينتك. تعلم حول فرص التقدم في هذه المهن. استخدم معلومات سوق العمل الخاص بالحكومات لتحصل على تفاصيل حول الأجور والمستقبل الوظيفي لكل المهن التي في القائمة.

4) أنشئ قائمة مختصرة.

في هذه المرحلة، قم بتقليص قائمتك بناءً على ما وجدته أثناء بحثك. استبعد المهن التي لا ترغب بالبحث عنها أكثر. يجب أن تحصل على قائمة مختصره تحتوي على مهنتين الى خمس مهن على الأكثر.

إذا كانت أسبابك لإيجاد وظيفة غير مقبولة أو غير قابله للنقاش، احذفها من قائمتك. احذف أي مهنة تحتوي على التزامات غير مناسبة لك. استبعد المهن ذات المستقبل الوظيفي الضعيف.

تخلص من كل مهنة لا يمكنك -أو لست راغبا في- الإلمام بكامل متطلباتها التعليمية أو باقي المتطلبات الأخرى، أو في حال كنت لا تمتلك المهارات العاطفية والاجتماعية اللازمة للنجاح في هذه المهنة.

5) قم بعقد لقاءات لزيادة معلوماتك.

عندما تصل لمرحلة يصبح فيها لديك عدد قليل من المهن المتبقية على قائمتك، ابدأ بإجراء بحث متعمق أكثر حولها. قم بالإعداد لإجراء لقاءات مع أناس يعملون في هذه المهن التي تثير اهتمامك. حيث يمكنهم تقديم معلومات مباشره حول هذه المهن الموجودة على قائمتك المصغرة. ابحث أيضا على الشبكة بما في ذلك موقع (لينكد ان)، لتجد أناسا يمكنهم تقديم مقابلات لزيادة معلوماتك.

6) اتخذ قرارك في المجال المهني.

أخيرا وبعد إجراء كل عمليات البحث، أنت على الأغلب جاهز لاتخاذ قرارك. اختر مهنة من الممكن أن تحقق لك الرضا الكامل بناء على المعلومات التي سبق وبحثت عنها.

لا تنس أنه بإمكانك القيام بذلك مرة أخرى في أي مرحلة من حياتك إذا ما قررت اتخاذ قرار مختلف لاحقا. العديد من الناس يغيرون مهنهم عدة مرات على الأقل (الدكتور طارق السويدان مثلا غير مجال عمله بعد حصوله على الدكتوراة في النفط الى مجال الإدارة) و غيرهم الكثير.

7) حدد أهدافك.

حين تقوم باتخاذ القرار النهائي، قم بتحديد أهدافك على المدى الطويل وعلى المدى القصير. هذه العملية ستساعدك على العمل في مجالك المختار. أهدافك على المدى الطويل تحتاج عادة 3 الى 5 سنوات كي يتم تحقيقها، بينما يمكنك تحقيق هدف على المدى القصير في فتره ما بين 6 أشهر الى 3 سنوات.

استعمل البحث الذي قمت به حول التعليم المطلوب والدورات التدريبية اللازمة، كدليل لك. حينما تمتلك كامل المعلومات المطلوبة، قم بتحديد أهدافك. وكمثال على هدف طويل المدى فإن إنهاءك للتعليم أو التدريبات يعتبر مثالاً جيداً.

أما بالنسبة لهدف على المدى القصير قد يكون تقديمك لكلية معينة، أو التدرب في مهنة معينة او برنامج تدريبي اخر، بالإضافة الى الزمالات التدريبية.

8) اكتب خطة عمل متعلقة بمهنتك.

<u>خطة العمل</u> هذه تكون عبارة عن مستند تشرح فيه الخطوات التي يتوجب عليك اتباعها للوصول إلى اهدافك. اعتبرها "خارطة طريق" قادرة على الانتقال بك من النقطة أ الى النقطة ب، ومن ثم إلى النقطة ج...وهكذا.

قم بكتابة كل أهدافك على المدى الطويل و القصير والخطوات التي يتوجب عليك اتباعها لتحقيق كل هدف من أهدافك. قم بتضمين جميع العوائق المتوقعة التي من الممكن أن تقف في طريقك لتحقيق أهدافك، وكيف يمكنك التغلب عليها.

في الفصل الثاني سنتعلم كيفية تجهيز وثيقة تعتبر من أهم الوثائق المطلوبة في رحلتك للحصول على وظيفة احلامك و هي السيرة الذاتيه.

ماذا لو لم يكن لدي وقت لكل هذا؟

نحن ننصحك بأخذ الوقت الكافي لتحديد مستقبلك، لكن إذا كنت ترغب في تخطي هذه الخطوة قم بإنشاء خارطة ذهنية خاصة بك. اختر أمرين أو ثلاثة تجيدهم، وأنشئ قائمة بصفاتك ومهاراتك والأمور التي تحدد هويتك. واعمل على تحسينها. لا تنس أن تأخذ بعين الاعتبار تجاربك السابقة والنشاطات الجديدة التي استمتعت بها (وكنت جيدا بها) عندما كنت في المدرسة، وعلى هذا الأساس انظر في الوظائف التي يمكن أن تناسب مهاراتك و صفاتك وميولك.

ماذا لو كانت وظيفة احلامي في مجال آخر غير مجال دراستي؟

إذا كنت خريجا جديدا ولا تمتلك الكثير من الخبرة، فسيكون من الصعب أن تقنع شخصا ليقوم بتوظيفك، ومن الأصعب أن تثبت مهاراتك وكفاءتك للعمل، لذلك يجب أن تكون واسع الحيلة.

نظريا، انه أمر بسيط. تعلم المهارة التي تنقصك واعتمد على ما لديك من مهارات. قم بالبحث عن زمالة تدريبية أو عمل تطوعي. ربما بعض العمل الحر على الانترنت (فريلانسنغ) أو عمل بدوام جزئي في هذا المجال.

كيف أبحث عن الوظائف؟

قبل أن تبدأ عملية البحث عن عمل جديد، من الجيد أن تحدد خياراتك المعروضة لتسهل عملية البحث.

عندما تكون قد جهزت سيرتك الذاتية بشكل كامل (سنتحدث عن كتابة السيرة الذاتية في القسم التالي)، ابحث عن طلبات التوظيف عبر الانترنت عبر زيارة قسم "الوظائف" في صفحات الشركات، تصفح مواقع البحث عن وظائف، أو ابحث في قسم التوظيف الخاص بجامعتك.

كذلك حضور اجتماعات العمل، والعمل مع خدمات التوظيف، وانشاء علاقات مع مختصين في مجالك يمكن أن يزيد فرصك لتدخل في مجال عمل جديد.

الطريقة الأولى
البحث عن الوظائف عبر شبكة الانترنت

1) قم بزيارة قسم الوظائف في الموقع الإلكتروني للشركة التي تريد العمل معها. إذا كنت تتطلع نحو وظيفة معينة مع مسؤول توظيف لشركة ما، اتجه نحو صفحتهم على الانترنت وابحث عن قسم "وظائف" أو "مهن" في أسفل الصفحة.

العديد من الشركات تسمح للموظفين المحتملين بتقديم طلباتهم عبر شبكة الانترنت حتى ولو كانوا لا يقومون بالتوظيف في وقت تقديم الطلبات.

تقديم طلبك عبر الموقع الالكتروني للشركة دلالة على أنك تسعى للوصول للشركة بشكل مباشر وهذا من الممكن أن يعطيك أفضلية عن باقي المتقدمين.

العمل مع شركة تتشارك معها في القيم، قد يكون تجربة مربحة للغاية. إذا كنت معجب بشركة معينة، فعلى الأغلب ستقدر الطاقة والثقافة الموجودة داخل هذه الشركة وفي مجال العمل.

2) استخدم مواقع البحث عن الوظائف لتأخذ نظرة أوسع عن المناصب الوظيفية المتاحة للتقديم. هذه المواقع تتيح لك البحث وفقاً المنصب الوظيفي، والفئة، والكلمات الدلالية، والموقع، وحتى الراتب.

وبعضها يقدم مقالات عن الاستشارات المهنية مع نصائح لكيفية إيجاد أو تغيير وظيفتك. آلاف الوظائف يتم نشرها يوميا على هذه المواقع، لذلك قم بزيارتها بشكل متكرر كي لا تضيع أي فرصة.

3) قم بنشر سيرتك الذاتية في مختلف مواقع البحث عن الوظائف التي تزورها، كي يتمكن مسؤولو التوظيف من ايجادك بسهولة أكبر.

قم بالبحث عن وظائف معينة في منطقتك كي تقلل من النتائج. اكتب اسم المنصب الوظيفي المناسب لك وبجانبه اسم مدينتك في محرك البحث وانتظر لترى النتائج. إضافة لمواقع ومصادر إيجاد الوظائف.

قائمة ببعض أشهر المواقع التي يمكنك البحث فيها عن الوظائف:

موقع بيت كوم

دوبيزل

تنقيب دوت كوم

Indeed

Linked in

Gulf talent

وهنالك غيرها مئات من المواقع المتخصصة في مجالات معينة مثل موقع بيهانس المخصص لمصممي الجرافيك و موقع جت هب المخصص للمبرمجين

14

4) إذا كنت طالبا جامعيا، قم بالدخول لموقع جامعتك وابحث في قسم الوظائف. العديد من الجامعات والكليات تمتلك منصة العمل الخاصة بها. ابحث أيضا في موقع مدرستك لترى إن كان لديهم منصة للعمل يمكنك البحث ضمنها.

الطريقة الثانية

استفد من علاقاتك

1) ابدأ بتكوين علاقاتك عبر الانترنت لتوسع شبكة علاقاتك المهنية. التواصل عبر الانترنت يعتبر من أفضل الوسائل لتحصل على عمل معين في مجال تنافسي جدا. كن ودودا في جميع علاقاتك عبر الإنترنت والأشخاص البارزين في مجال معين، والأصدقاء الذين يعملون بالوظيفة التي تود أن تعمل بها. لا يمكنك أن تتنبأ إلى أين يمكن أن يصل بك اتصال أو علاقة معينة. وبينما تكبر وتزيد شبكتك المهنية، ستكون ملماً وعلى تواصل مع مديري التوظيف، ومديري الموارد البشرية، والعديد ممن لديهم القدرة على ايصالك للمنصب الوظيفي الذي تريده (المزيد عن التشبيك المهني Networking في الفصل الخامس).

2) تواصل مع وكالات خدمات التوظيف لتغطي مجالا أوسع في عملية بحثك. ابحث عن الوكالات ذات السمعة الحسنة في منطقتك وقم بزيارتهم أو بالتسجيل معهم اونلاين. تأكد من تحديد أهدافك بشكل واضح، وأن تظهر الوظائف المفضلة لديك لمسؤول التوظيف كي يتمكن من مساعدتك على أكمل وجه لتجد الوظيفة المناسبة لك.

حتى لو اخترت طلب المساعدة من خدمات التوظيف، استمر بنشر سيرتك الذاتية في مختلف المواقع. مسؤول توظيف جيد قد يزيد من فرصك للحصول على وظيفة (خاصة إن لم يكن قد حالفك الحظ سابقا أثناء بحثك)، ولكن لا تعتمد بشكل كلي على خدمات وكالات التوظيف.

16

3) إذا كنت خريجاً جديداً يبحث عن عمل، تواصل مع الخريجين من جامعتك، وتواصل أيضا مع أساتذتك، والمستشارين، وحتى زملاء الدراسة القدامى. من المرجح أن يكون هؤلاء قادرين على مساعدتك لتجد وظيفة ما، أو حتى يكونون قادرين على توظيفك.

ابحث عن أعضاء الكلية عبر الانترنت لتجد معلومات التواصل معهم. وإن كنت تبحث عن زميل دراسة معين لتتواصل معه، استعمل منصتي فيسبوك أو لينكد إن.

4) اطلب من صديق أو قريب لك أن يزودك بمعلومات. ابق المقربين منك على اطلاع بتقدمك في مجال البحث عن وظيفة. من المرجح أن يكونوا على معرفة بشخص ما قادر على توظيفك، وبهذه الطريقة سيقومون بدعمك ولو ببعض الكلمات اللطيفة.

الطريقة الثالثة
تعقب الخيوط الأخرى

1) قم بحضور لقاءات العمل في مدينتك لتنافس بشكل مباشر على العمل. تستضيف الشركات الكبيرة والجامعات وبعض المنظمات اجتماعات ليستقطبوا الموظفين المحتملين ويتمكنوا من توظيفهم معهم.

قم بتجهيز بعض بطاقات الأعمال (بزنس كارد) غير المكلفة، وسلمها لمسؤولي التوظيف الذين تتفاعل معهم. إذا تركت انطباعا جيدا، فمن المرجح أن يتذكروك حين يقوموا باتخاذ قرارات التوظيف.

2) تابع الإعلانات في الصحف المبوبة (الكثير منها مجاني) لتبقى على اطلاع بالفرص الوظيفية خارج الشبكة. عوّد نفسك على قراءة قسم الإعلانات المبوبة في الصحف يوميا.

على الرغم من أنها لم تعد تعتبر أمرا أساسيا كما في الأيام الماضية، إلا أن العديد من مسؤولي التوظيف ما زالوا يقومون بالإعلان عن طريق الإعلانات المبوبة في الصحف.

3) حاول زيارة الشركات التي ترغب بالعمل بها، اظهر نفسك ورغبتك بالعمل معهم. على الرغم من أن هذه الطريقة تعتبر غير تقليدية إلى حد ما، إلا أنها قد تجلب لك أخبارا مفاجئة سعيدة، فهي تفسح المجال لك لتبرز ذاتك من دون أن تنتظر تقييم السير الذاتية ودعوتك لإجراء مقابله عمل.

احرص على توضيح سبب زيارتك لهم "لقد قرأت أنكم بحاجة لمطور برمجيات وبالصدفة كنت مارا بالقرب من شركتكم. هل لديكم بعض الوقت لمناقشه تفاصيل هذا الوظيفة الشاغرة ؟" السؤال عن العمل بشكل مباشر ينجح بنسبة 47%.

الفصل الثاني

كتابة سيرة ذاتية قوية

أهمية السيرة الذاتية

تدفع الشركات المليارات سنويا للإعلان عن منتجاتها. وهذه الإعلانات غير مرتبطة بقوة وكفاءة المنتج، أو بالنتائج السابقة التي حققها. فرجال الأعمال يتابعون تضخيم ونشر حملاتهم الإعلانية بغض النظر عن المنتج نفسه.

وعلى الرغم من غرابة الأمر، إلا أنه يمكن النظر للناس كأنهم منتجات. عندما يقدمون لوظيفة ما أو يعرضون خدماتهم ومهاراتهم وقدراتهم وامكانياتهم. بغض النظر عن مدى جودة "المنتج" الشخص، فإن مستقبلهم يعتمد وبشكل كبير على مدى براعتهم في التسويق لأنفسهم.

إحدى أهم أدوات التسويق التي يمكن للأفراد استعمالها للتسويق عن أنفسهم هي "السيرة الذاتية" أو CV وهي الترجمة اللاتينية لـ "مجرى أو طريق الحياة".

يمكن اعتبار سيرتك الذاتية كبطاقة أعمال ومهمتها أن تقوم بالتعريف عنك ـ بشكل مختصر وسريع ـ لمسؤولي التوظيف المحتملين. ومع أن عملية كتابة السيرة الذاتية إحدى أسهل خطوات البحث عن الوظيفة، إلا أن الناس عادة ما يلاقون صعوبات كثيره أثناء كتابة سيرهم الذاتية.

لا تقلق، كل ما عليك القيام به هو اتباع مجموعة من الخطوات وستحصل على سيرتك الذاتية بكل سهولة. أكمل القراءة وسترى أن كتابة السيرة الذاتية أمر ممتع.

من يحتاج إلى سيرة ذاتية؟ ومتى نحتاجها؟

__ خريجي المدرسة/الجامعات حين يقدمون للحصول على: وظيفة أو عمل.

__ الخريجين __ الوظائف الصيفية.

__ العائدات للعمل من النساء __ مواضع العمل.

__ من يريد تغيير مهنته __ أعمال الوكالات.

__ الأعمال التطوعية.

__ المستشارون __ عمل بدوام جزئي أو كامل.

__ الكتّاب (الناشرون __ الأعمال الاستشارية __ الأعمال المؤقتة)

السيرة الذاتية هي الملف التسويقي الخاص بك، والذي يسلط الضوء على مهاراتك، انجازاتك وخبراتك بطريقة تجعل القارئ متحمسا للقائك.

الهدف الرئيسي من السيرة الذاتية ليس الحصول على وظيفة أو توقيع عقد، بل الحصول لك على مقابله أو اجتماع مع مسؤول التوظيف.

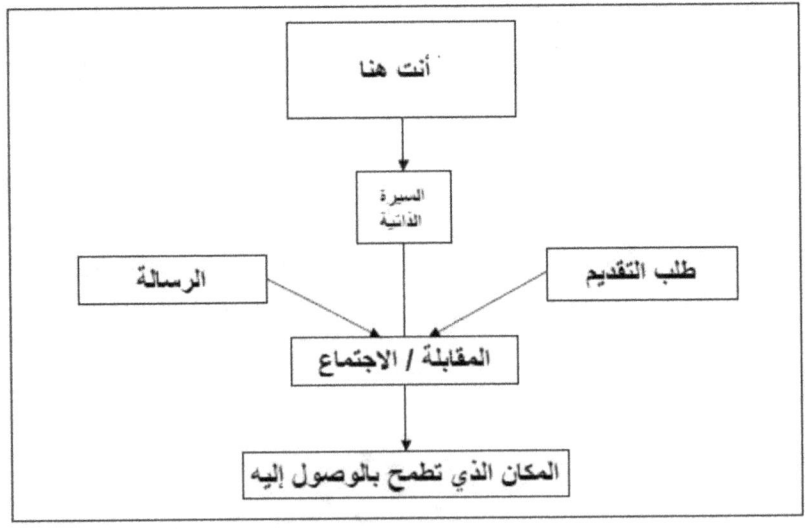

الشكل رقم (1). الدور الذي تلعبه سيرتك الذاتية في إيجاد وظيفة لك

كم يجب أن يكون حجم السيرة الذاتية؟

لا يوجد جواب معمم فيما يخص حجم السيرة الذاتية. الأمر يتعلق بعدة عوامل:

ولكن لا بد للإشارة إلى أن السيرة الذاتية المؤلفة من صفحة واحدة، هي الأكثر شيوعا في الوقت الراهن، والسبب وراء ذلك أن مسؤولي التوظيف يقضون 6 ثوان بالمتوسط وهم يراجعون السيرة الذاتية الخاصة بك. لتزيد من فرصك، يتوجب عليك أن تكون واضحا ومختصرا في المعلومات المقدمة في سيرتك الذاتية.

ومن جهة أخرى، إن كان لديك الكثير من المعلومات المهمة، لا تقلصها لصفحة واحدة عبر استعمال حروف صغيرة أو التضحية بتنسيق السيرة الذاتية، وفي نفس الوقت، لا ننصح بأن تتجاوز سيرتك الذاتية الـ 5 صفحات.

نحن نتنافس في سوق مزدحم للغاية، ونسعى للفت نظر من يقرأ سيرتنا الذاتية. يتفاجأ المديرون والاداريون بشكل يومي بوصلات خطابية طويلة معظمها ينتهي الأمر بها مرمية في سلة المهملات! إعلان وظيفي واحد من الشركة قد يؤدي لاستقبال الشركة المئات أو الآلاف من الطلبات.

لذلك:

_ كيف سنجعل طلباتنا تتميز بين آلاف الطلبات الأخرى؟

_ ما هي الوسيلة لترك انطباع سريع وايجابي لدى القارئ؟

عندما ننظر لسيرتنا الذاتية على أنها الملف التسويقي الخاص بنا، مهمتها الإعلان عمّا قمنا به وما يمكننا القيام به مستقبلا وتقديمه للقارئ، عندها سنزيد من حظوظنا للحصول على الوظيفة وتحقيق أهدافنا.

عند كتابة سيرتنا الذاتية، يجب أن نضع في اعتبارنا التالي:

يجب أن تكون:

_ وثيقة الصلة بالوظيفة أو المجال المهني.

_ تبرز انجازاتنا داخلها.

_ من السهل قراءتها وفهمها.

_ مفصلة ودقيقة.

_ ذات مصداقية وكامل معلوماتها صحيحة.

_ تسلّط الضوء على المهارات التي طورتها داخل وخارج العمل.

ويجب ألا تكون:

_ مليئة بالمعلومات غير المرتبطة بك أو بمجالك الوظيفي.

_ مجرد قائمة تحوي أسماء الوظائف والمهمات.

_ غير مرتبة ومكتظة.

_ غامضة وقليلة التفاصيل.

_ غير صادقة ومعلوماتها غير صحيحة.

كيف يجب أن أصمم سيرتي الذاتية؟

إجابة هذا السؤال يمكن تقسيمها لجزأين: البناء العام للسيرة الذاتية، والتنسيق أو الشكل.

بشكل عام، عليك وضع معلوماتك الشخصية في الأعلى، ومن ثم تقوم بتنسيق المساحة الباقية بناء على خبراتك السابقة. الخبرات الأحدث يجب أن تكون بالأعلى. على فرض أنك خريج حديث، رتب معلوماتك التعليمية في الأعلى، فعلى الأغلب هذه أعظم إنجازاتك.

قسّم سيرتك الذاتية إلى أجزاء محددة موضحا أحدث خبراتك في أولا. الأقسام يجب أن تحتوي على خبرات العمل السابقة، وتعليمك، وفرصك التطوعية ومهاراتك المهنية.

تنسيقات أو صيغ السيرة الذاتية

فلنقل أنك الآن تبدأ الكتابة على صفحة بيضاء في جهازك وتتساءل : "من أين أبدأ؟" المئات من الناس يطرحون نفس السؤال يومياً والسبب الرئيسي وراء ذلك غالباً هو حقيقة عدم وجود قاعدة محددة لتنسيق السيرة الذاتية.

اختيارك لطريقة التنسيق يندرج تحت 3 خيارات : الصيغة ذات الترتيب الزمني ، الصيغة الوظيفية، الصيغة المركبة. كل تنسيق له ايجابياته وسلبياته.

1- الصيغة ذات الترتيب الزمني chronicle format

مثال :

حمدان بن خالد

مساعد إداري

الهدف المهني (2)

- مساعد إداري بخبرة تزيد عن 6 سنوات في تنظيم العروض وتقديم تقارير المرافق والحفاظ على أقصى درجات السرية
- براعة في التنسيق بين الإدارات والاتصالات
- إرفاق إجراءات إيداع وإبلاغ الشركات ، وتوفير 3000 دولار سنوياً

الخبرة المهنية (3)

2016 - الآن

مساعد إداري

شركة **S&R**، الرياض

- جدولة وتنسيق الاجتماعات والمواعيد وترتيبات السفر للمشرفين والمديرين
- تدريب 2 مساعد إداري خلال فترة توسيع الشركة لضمان الاهتمام بالتفاصيل والالتزام بسياسة الشركة
- تطوير ملفات جديدة للممارسات التنظيمية والتنظيمية ، مما يوفر للشركة 3000 دولار سنوياً في مصروفات العمل التعاقبية
- الحفاظ على أقصى قدر من السلطة التقديرية عند التعامل مع الموضوعات الحساسة
- إدارة تقارير السفر والنفقات لأعضاء فريق الإدارة

أغسطس 2011 - إبريل 2016

سكرتاري

سيهات للخدمة الاجتماعية ،الرياض

- قراءة وتحليل وتخطيط توزيع المذكرات والتسليمات والتقارير.
- إجراء البحوث ، وتجميع البيانات ، وإعداد الأوراق للمعاينة والعرض من قبل المسؤولين التنفيذيين ومجلس الإدارة.
- تنسيق وتوجيه خدمات المكتب ، مثل السجلات ، والمالية الإدارية، وإعداد الميزانية ، والتدبير الإداري للمساعدين التنفيذيين
- التحدث مع العملاء حول خياراتهم وأهدافهم للتأكد من أن برامج إعادة التأهيل يمكن تطويرها.
- إعداد السجلات وملفات القضايا والمحافظة عليها ، بما في ذلك وثائق العميل الحساسة.
- تحليل المعلومات القائمة من المقابلات والسجلات التعليمية والطبية ، والتشاور مع المهنيين الآخرين ، والتقييمات التشخيصية لتقييم قدرات العملاء واحتياجاتهم وأهليتهم.

معلومات الاتصال (1)

123. 456. 789

Ishaikha-0002@gmail.com

شارع التحلية ، الرياض

Linkedin.com/shaikha

التعليم (5)

2013-2007
الدرجة العلمية / التخصص
اسم الجامعة

2007-2005
الدرجة العلمية / التخصص
اسم الجامعة

المهارات الأساسية (4)

التفكير التحليلي والتخطيط

مهارات التواصل

الدقة والانتباه للتفاصيل

التنظيم

حل المشاكل

قيادة الفريق

الجوائز (6)

2013
عنوان الجائزة

2017
عنوان الجائزة

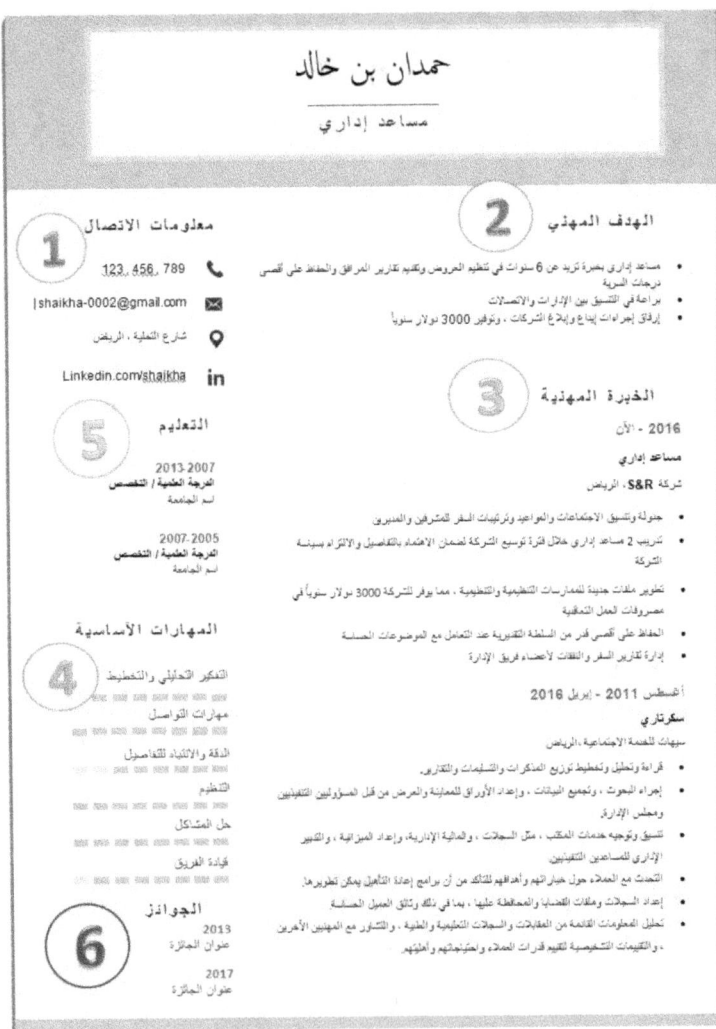

أدناه شرح مفصل لكل جزء من اجزاء السيرة الذاتية السابقة ذات الترتيب الزمني موضحة بالأرقام

1 **معلومات التواصل** ـ من اكثر العناصر ثباتاً في جميع الصيغ الثلاث ، تفاصيل التواصل لابد أن يتم تحديدها بشكل قريب من أعلى الصفحة

2 **الهدف المهني** ـ هذا النوع من المقدمات يمكن للجميع استخدامه ويسمح للباحثين عن عمل بربط سيرتهم الذاتية بأصحاب العمل

3 **الخبرة المهنية** ـ في هذا التنسيق لابد من إضافة تاريخ وظيفي منتظم (أو تاريخ وظيفي ليس مبعثراً بشكل كبير)

4 **المهارات الإضافية** ـ لازال بإمكانك استخدام قسم المهارات لإظهار مهاراتك الشخصية التي تفخر بها

5 **التعليم** ـ درجاتك التعليمية (أياً كانت) و شهاداتك (ذات الصلة) يجب إظهارها

6 **الجوائز وشهادات التقدير** ـ تأكد من إظهارك لأكثر الجوائز إثارة للإعجاب

يعتبر تنسيق السيرة الذاتيه بطريقة الترتيب الزمني هو التنسيق هو الأكثر تقليدية، وهو أكثر ما ستقابله في العالم الحقيقي. عادة ما تكون السير الذاتية ذات تنسيق الترتيب الزمني أكثر تكيفاً ويمكن لأي متقدم في وظيفة استعمالها بغض النظر عن مستوى خبراته.

يجب علي استخدامها إذا :

✔ أردت إظهار تقدم وظيفي رأسي
✔ أردت التقدم لوظيفة في مجال مشابه
✔ أردت إظهار تنقل تصاعدي في الهرم الوظيفي

لا يجب علي استخدامها إذا:

☒ لدي فراغات واضحة في تاريخي الوظيفي
☒ أرغب في تغيير مجال عملي
☒ كنت أقوم بتغيير وظيفتي كل عدة أشهر

2- الصيغة الوظيفية Functional format

مثال :

تركي بن محمد

مساعد إداري

1

معلومات الاتصال

البريد الالكتروني :
youremail@gmail.com
رقم الهاتف:
966000000+
العنوان :
شارع التحلية ، الرياض ، السعودية
حساب لنكدان :
linkedin.com/in/profile

2

ملخص الكفاءات

- معرفة نظم إدارة المكاتب والإجراءات.
- مهارات إدارة الوقت ممتازة والقدرة على متعددة المهام وتحديد أولويات العمل.
- الاهتمام بالتفاصيل ومهارات حل المشكلات.
- مهارات الاتصال الكتابية والشفوية ممتازة.
- مهارات تنظيمية وتخطيطية قوية.

3

التاريخ المهني

مساعد إداري
شركة **S&R**، الرياض
سكرتير
شركة **M&W**

4

المهارات ذات الصلة

مهارات تقنية

- قدرة عالية على تفسير نتائج التحليل الاحصائي وتوضيح الظاهرة المدروسة بما يسمح باتخاذ القرارات السليمة لحل المسائل المتعلقة بمجال العمل
- معرفة ممتازة بلغات البرمجة من مثل ++C و HTML والقدرة على برمجة برامج بأوامر بسيطة
- خبرة في استخدام مختلف مواقع التواصل الاجتماعي من فيسبوك وانستغرام وتويتر ولنكدان و Pinterest
- خبرة في إدارة المشاريع الصغيرة حيث عملت كمساعد مدير مشروع Milson للأغذية

مهارات تسويقية

- القدرة على كتابة المحتوى وتوجيه القراء الى شراء المنتج الذي يتم تسويقه
- مهارات في تحويل الزوار الى عملاء وزيادة نسبة انتاج الزوار لما يقارب 30%
- إمكانية العمل الجماعي وتقسيم العمل بين أفراد المجموعة بكفاءة وفعالية
- تفوق في مهارة تحسين محركات البحث SEO

مهارات تواصل

- مهارات إبداعية في الكتابة باللغة العربية باعتبارها اللغة الأم
- مهارات فذة في استعمال اللغة الانجليزية شفاهةً وكتابةً
- متفوق في اللغة الفرنسية
- قدرة عالية على التواصل مع الناس شفوياً وكتابياً

5

التعليم

الدرجة العلمية / التخصص
اسم الجامعة ، المكان
2013-2007

الدرجة العلمية / التخصص
اسم الجامعة ، المكان
2011-2006

شهادة #1
المكان ، التاريخ

6

الجوائز والمكافآت

اسم الجائزة المتحصل عليها
اسم المنظمة المانحة
2015

ادناه شرح مفصل لكل جزء من اجزاء السيرة الذاتية الوظيفية موضحة بالأرقام

1 **معلومات الاتصال** ـ بغض النظر عن التنسيق فإنها ستكون دائماً بالقرب من أعلى الصفحة

2 **ملخص الكفاءات** ـ قم بإظهار أقوى كفاءاتك على الفور

3 **الخبرة المهنية** ـ انظر كم هو صغير هذا القسم ، وكيف أن الفترات الزمنية غير موجودة ، وذلك لتقليص التركيز على الخبرة وتسليط الضوء على بقية الأقسام

4 **المهارات ذات الصلة** ـ تعتبر المهارات نقطة بيع جيدة لشخص يفتقد لتاريخ وظيفي واضح ، لذا فإن هذا القسم لابد أن يكون قوياً

5 **التعليم** ـ قم بوضع أعلى درجاتك العلمية و اسمح لنفسك بوضع شهادة مفتاحية وذات صلة

6 **الجوائز وشهادات التقدير** ـ ان كنت تمتلك أي جوائز مرتبطة بالعمل الذي تتقدم له فقم بإضافة أكثرها أهمية

بينما تركز الصيغة ذات الترتيب الزمني على التطور المهني فإن الصيغة الوظيفية هي سيرة ذاتية تعتمد على المهارات. وبما أن التنسيق الوظيفي يركز بشدة على إمكانيات المتقدم فإنها مناسبة أكثر لمن يمتلكون خبرات متقدمة.

يجب أن أستخدمها إذا :

✔ لدي فراغات في تاريخي الوظيفي
✔ كنت أرغب في تغيير مجالي الوظيفي
✔ كنت أرغب في تسليط الضوء على مجموعة محددة من المهارات

يجب أن لا استخدمها إذا :

☒ كنت أرغب في تسليط الضوء على صعودي في الهرم الوظيفي
☒ كنت مبتدئاً أفتقر إلى الخبرة
☒ كنت أفتقر للمهارات القابلة للتحويل

3- الصيغة المركبة للسيرة الذاتية

مثال

عبدالعزيز بن محمد

ع.م

مساعد إداري

الملف المهني

- **مساعد إداري :** خبرة 9+ في العمليات الإدارية
- **أمتلك** قدرات عالية في تحليل المعلومات والوصول لحلول المشاكل المطروحة
- **تم الثناء** على قدرتي في تنفيذ الإجراءات المظلة للتكاليف مع تحسين الكفاءة
- **الإنجاز :** وفرت على الشركة مايقارب 10,000 دولار بسبب فواتير غير دقيقة

مهارات العمل الأساسية

- قدرة عالية على تفسير نتائج التحليل الاحصائي وتوضيح الظاهرة المدروسة بما يسمح باتخاذ القرارات السليمة لحل المسائل المتعلقة بمجال العمل
- معرفة ممتازة بلغات البرمجة من مثل C++ و HTML والقدرة على برمجة برامج بأوامر بسيطة
- خبرة في استخدام مختلف مواقع التواصل الاجتماعي من فيسبوك وانستغرام وتويتر ولنكدان و Pinterest
- خبرة في إدارة المشاريع الصغيرة حيث عملت كمساعد مدير مشروع Milson للأغذية

الخبرة المهنية

مساعد إداري

شركة **S&R**، الرياض / سبتمبر 2016 - الآن

- جدولة وتنسيق الاجتماعات والمواعيد وترتيبات السفر للمشرفين والمديرين
- تدريب 2 مساعد إداري خلال فترة توسيع الشركة لضمان الاهتمام بالتفاصيل والالتزام بسياسة الشركة
- تطوير ملفات جديدة للممارسات التنظيمية والتنظيمية ، مما يوفر للشركة 3000 دولار سنوياً في مصروفات العمل التداولية
- الحفاظ على أقصى قدر من السلطة التقديرية عند التعامل مع الموضوعات الحساسة
- إدارة تقارير السفر والنفقات لأعضاء فريق الإدارة

سكرتير

شركة **M&W** ، الرياض / يناير 2013 - أغسطس 2016

- كتابة المستندات مثل المراسلات والمسودات والمذكرات ورسائل البريد الإلكتروني ، وكنت أعد 3 تقارير أسبوعية للإدارة
- فتح ، وفرز ، وتوزيع الرسائل والمراسلات الواردة
- شراء مخزونات الإمدادات المكتبية والحفاظ عليها ، مع الحرص الدائم على التقيد بممارسات الميزانية
- الترحيب بالزوار وتحديد متى و لمن يمكنهم التحدث

معلومات الاتصال

البريد الالكتروني :

youremail@gmail.com

رقم الهاتف : +966000000

العنوان : شارع التحلية ، الرياض ، السعودية

لنكدان :

linkedin.com/in/yourprofile

مواقع التواصل الاجتماعي

حساب الفيسبوك

حساب الانستغرام

حساب لينكدان

حساب تويتر

المهارات الإضافية

حل المشكلات

التعاون

أخلاقيات عالية في العمل

إدارة الوقت

التفكير الناقد

العمل تحت الضغط

المرونة

التعليم

الدرجة العلمية / التخصص

اسم الجامعة ، المكان

2007-2013

الدرجة العلمية / التخصص

اسم الجامعة ، المكان

2006-2011

شرح لكل جزء من اجزء السيرة الذاتية المركبة موضحة بالأرقام

1 **معلومات الاتصال** - كما هو في الصيغ الأخرى ، تفاصيل التواصل تكون في الأعلى

2 **الملف المهني** - مستخدمي الصيغة المدمجة غالباً ما يمتلكون مهارات عالية ، لذا فإن الملف المهني يمكنه إظهار هذه المهارات بشكل موجز

3 **الخبرة المهنية** - الخبرة في هذه الصيغة تكون موسعة بشكل أكبر مما هي عليه في الصيغة الوظيفية

4 **أقسام المهارات**- باستخدامك لمهاراتك المرتبطة بالوظيفة فإن بإمكانك تقسيمهم إلى قسمين بناءً على الأهمية

5 **التعليم** - لمستخدمي الصيغة المدمجة فإن التعليم هو الاقل أهمية ولكن بالتأكيد لا بأس من إضافته للسيرة الذاتية

كما هو واضح فإن الصيغة المركبة تقوم بدمج بعض القطع من الصيغة الوظيفية وصيغة الترتيب الزمني. إنها تشبه الوظيفية في كونها تركز على امكانيات محددة ولكن متن المستند يتضمن الخبرة العملية كما هو في صيغة الترتيب الزمني. هذا التنسيق غالباً موضوع بشكل خاص لأولئك الذين يمتلكون خبرات عظيمة في مجال محدد.

علي أن أستخدمها إذا :

✔ كنت أرغب في تسليط الضوء على مجموعة المهارات المتطورة في مجال محدد
✔ كنت أرغب في تغيير مجال عملي
✔ كنت بارعاً ومتقناً لمجال العمل الذي أتقدم إليه

يجب أن لا أستخدمها إذا :

☒ كنت أرغب في تسليط الضوء على تعليمي
☒ كنت أفتقر للخبرة
☒ كنت مبتدئاً في مجال العمل

ما نوع العبارات أو الجمل التي ينبغي استخدامها في السيرة الذاتية؟

ينبغي أن تكون حذرا عند انتقائك للكلمات المستخدمة في سيرتك الذاتية. العديد من الجمل التي كانت شائعة منذ 10 سنين، أصبحت تعتبر مبتذلة اليوم. تجنب هذه العبارات تماما. ومن جهة أخرى، ما تزال توجد بعض الكلمات القوية والمعبرة والتي يمكنها أن تجعل من سيرتك الذاتية تبدو أكثر احترافية.

عندما تختار الكلمات المناسبة، ينبغي أن تأخذ بحسبانك الوصف الوظيفي، أعد قراءته عدة مرات وحدد الكلمات الرئيسية فيه. احرص على أن تستخدم هذه الكلمات الرئيسية بشكل متكرر في سيرتك الذاتية. وهذا سيحسن طريقة قراءتها من قبل القارئ البشري وأيضا سيساعدها لتتخطى برامج التتبع الخاصة بالتوظيف ATS.

بعض الشركات الضخمة تميل لاستخدام برامج التتبع ATS لتقوم بتصفية السير الذاتية المحولة إليهم من قسم الموارد البشرية. هذه الأنظمة تقوم بفحص السير الذاتية وإن لم تجد بداخلها كلمات معينة، تقوم باستبعادها بشكل أتوماتيكي.

ما نوع العبارات أو الجمل التي لا ينبغي استخدامها في السيرة الذاتية؟

بمرور الوقت والسنين، نجد أن بعض الجمل والكلمات تم استعمالها بشكل مفرط من قبل مسؤولي التوظيف او الباحثين عن عمل __ مما أفقدها قيمتها. وبالتالي تم استبعاد هذه الكلمات من قائمة المصطلحات المهنية. إن اردت لسيرتك الذاتية أن تتصدر ولا يتم اهمالها، يتوجب عليك عدم استخدام مثل هذه العبارات على الاطلاق. هذه الكلمات المبتذلة لا تقدم أي صورة عنك لمسؤول التوظيف. وبالتالي فإن استعمال عبارات غير مصقولة بشكل جيد أفضل من أن تستعمل عبارات مبتذلة لا تقدم أي نفع لك.

هل يعتبر الهدف المهني أو الوظيفي إضافة جيدة للسيرة الذاتية؟

إضافة الهدف المهني أمر متعارف عليه في حال كانت تنقصك خبرة الأعمال السابقة في مجالك المهني، أو تقوم بتغيير مجالك المهني. من المفيد أن تتحدث عن نفسك بشكل مختصر قبل أن يبدأ مسؤول التوظيف بقراءة خبراتك في الأعمال السابقة.

وأيضا من الجيد استعمال الهدف المهني في حال كانت لديك فجوات في تاريخك الوظيفي (فترات من دون عمل)، وبالتالي يساعدك البيان لتشرح سبب قلة أعمالك السابقة.

في حال اتخذت قرارك بإضافة الهدف المهني، لا بد من ذكر نصيحة أخيرة لك "كن واضحا ودقيقا، ابتعد عن اللف والدوران".

ماذا أفعل إن لم يكن لدي ما يكفي من الخبرات لإدراجها في السيرة الذاتية؟

في حال كونك ما تزال طالبا، أو خريج حديث، فعلى الأغلب لا يوجد عندك الكثير لتبرزه وتتباهى به في سيرتك الذاتية. ومع ذلك، امتلاكك لبعض الخبرات أو حتى عدم امتلاكك لأي خبرات لا يعني بأنه ليس بإمكانك الحصول على الوظيفة التي تريدها. اتبع الخطوات التالية لتزيد فرصك بالقبول:

لا بد من امتلاكك بعض من المهارات التي استعملتها أو تعلمتها أثناء دراستك في الجامعة أو خلال أعمالك التطوعية، وهذه المهارات يسهل صقلها وتحويلها لمهارات مفيدة للوظيفة.

عبر عن رغبتك العميقة بهذا العمل وسلط الضوء على رغبتك في تعلم مهارات جديدة.

اعط مسؤول التوظيف فكرة عن أن ما ينقصك من خبرات يمكن بسهولة تعويضه من خلال سماتك الشخصية.

الشخص المتحمس وذو التصميم الكبير، هو أكثر ما يجذب مسؤولي التوظيف. وأعمالك التطوعية بالإضافة لزمالاتك التدريبية السابقة يمكن أن تثبت أنك تمتلك هذه السمات وبوضوح.

نشاطاتك في أوقات فراغك تعكس جانبا كبيرا منك، قم بذكر ما هو مرتبط بالوظيفة من هذه النشاطات في سيرتك الذاتية.

إذا قمت بتقديم سيرة ذاتية عامة ومملة ومماثله للسير الذاتية التي قدمها الاخرون، فستكون عبارة عن خريج جديد ليس لديه أدنى فكرة كيف يثير إعجاب من أمامه ويخاف من الإبداع.

ماذا لو أردت التقدم لوظيفة خارج بلدي؟

هل يستعملون صيغا مختلفة للسير الذاتية في بلدان أخرى؟

بلا شك يجب أن تبحث عن متطلبات السيرة الذاتية في البلدان المختلفة، لأن السيرة الذاتية التي يمكن أن تُقبل لوظيفة في الولايات المتحدة الأميركية، يمكن وببساطة أن يتم استبعادها في فرنسا.

هل يمكنني طلب مساعدة أحد للتحقق من سيرتي الذاتية؟

يمكنك أن تطلب من أصدقائك أن يطالعوا سيرتك الذاتية ويعطوك رأيهم بكل مصداقية. وهذا سيساعدك بأن تعرض سيرتك الذاتية على شخص غير مهتم بها وسيتكون لديك نظرة عن الانطباع الذي ستتركه سيرتك الذاتية لدى مسؤولي التوظيف.

إن لم تجد أحدا من اصدقائك ليساعدك، يمكنك أن تطلب من شخص محترف أن يطالع ويدقق سيرتك الذاتية.

هنا في samimlycv نقدم خدمات استشارية مميزة من قبل محترفين في عمليات إعداد السيرة الذاتيه ممن سيكونون سعيدين جدا بمساعدتك. قم بالتواصل معنا الآن.

ما الأمور التي يتوجب عليّ عدم ذكرها في سيرتي الذاتية؟

- كما سبق وشرحنا عليك الابتعاد عن التعابير الطنانة.
- بيان الهدف.
- الاخطاء الطباعية والقواعدية _ وهذا أمر يمكننا مساعدتك به.
- عبارة "التوصيات موجودة عند الطلب".
- أي أمر آخر غير ذي صلة بالموضوع.

أسباب الرفض:

هناك العديد من الأسباب لعدم حصولك على دعوة مقابله عمل أو اجتماع، منها:

_ لم تُقرأ السيرة الذاتية أصلا من قبل الشخص المعني.

_ لم تُقرأ السيرة الذاتية لأنها طويله جدا ومملة.

_ إذا كانت السيرة الذاتية بعيدة الصلة عن هدف القارئ.

_ إذا كانت السيرة الذاتية مطبوعة بشكل سيء وتحوي العديد من الأخطاء الإملائية وبسبب ذلك لم تتلق ردا إيجابيا.

_ إذا كان تنسيق السيرة الذاتية سيء وبالتالي من الصعب على القارئ فهمها.

_ وصول سيرتك الذاتية بوقت متأخر.

_ وجد القارئ أن سيرتك الذاتية مثيرة للاهتمام، إلا أنه لم يتصورك في أي منصب وظيفي مناسب.

_ بسبب عدد المتقدمين الكبير، لم تتم قراءة سيرتك الذاتية.

الفصل الثالث

اكتشف قوة خطاب التقديم

الرسالة التعريفية (خطاب التقديم)cover letter

سيرتك الذاتية ورسالتك التعريفية تمثلان أول تواصل لك مع أصحاب العمل المحتملين. ونظراً لأن سوق العمل قد صار أكثر تنافسية فإن ترك انطباع أول مناسب قد أصبح أكثر أهمية من أي وقت مضى. إذا تهاونت بشأن جودة سيرتك الذاتية ورسالتك التعريفية فإنك بذلك تُقلل إلى درجة كبيرة فرص نجاحك في مقابلات العمل.

نوح
آدم

نائب مدير - تمويل وعمليات

example@stylingcv.com

416-821-9879

تورونتو - كندا

Noah.Adam/

NoahAdam@

إلى

السيدة: دوريس جونسون - مدير الموارد البشرية.
شركة ما
تورونتو - كندا
20 أكتوبر - 2018

عزيزتي السيدة جونسون

كنائب مدير للعمليات والشؤون المالية في سلسلة غذائية، فإنني أحمل معي الكثير من النجاحات في تحسين الإنتاجية والحصول على أكبر قدر من الأرباح.

تجربتي تشمل العمل مع شركات ومؤسسات ذات مراحل نمو مختلفة، بداية من الشركات الناشئة وصولاً إلى الشركات متعددة الجنسيات.

بخبرتي التي تتجاوز العشرين عاماً في تحقيق الأرباح والنمو طويل المدى، أسعى لمراقبة الميزانيات والمبيعات عن قرب، لتحديد النقاط التي يمكن تحسينها. كما أنني معروف بقدرتي على تعزيز الأداء عبر التحسينات التقنية، وتطبيق أفضل الممارسات، ورفع كفاءة الموظفين.

أمثلة على إنجازاتي:

- قيادة انطلاقة ناجحة لشركة ناشئة عبر العديد من الممارسات العصرية، وحسن إدارة عملية الإنتاج، وتطوير استراتيجيات تسويقية أدت إلى تحقيق هامش ربح بنسبة 60% وأرباح تتجاوز 15 مليون دولار أمريكي في الأعوام الثلاثة الأولى.
- إدارة عمليات يومية بما يزيد عن 100 مليون دولار أمريكي في قسم المنتجات، والذي أنشأ خط إنتاج مخصص للولايات المتحدة الأمريكية وكندا زاد هامش الربح بنسبة 14%.
- عضو هام وفعال في الفريق الذي أعاد هيكلة العملية الإدارية بالكامل، وهو الذي أدى إلى نمو الإنتاجية بنسبة 10% وحسن أداء قسم الدعم الفني بنسبة بلغت 15%.

كشخص مهني محترف ومحاسب قانوني معتمد، ولخلفيتي الكبيرة بتحليل وتحسين أداء المبيعات، فإنني على يقين بقدرتي على تعزيز أداء الشركة.

اود تحديد مقابلة معكم، من أجل مناقشة رؤيتي وقدرتها على تحقيق اهدافكم، انا متاح في أي وقت وآمل أن تتواصلوا معي قريباً.

شكرا لاهتمامكم

نوح آدم.

نعم، أنت بحاجة إلى رسالة تعريفية!

لقد سمعت من كل عميل عملت معه مؤخراً تقريباً شائعة أنه قد سمع أنه لم يعد أحد يقرأ الرسائل التعريفية كما كان الأمر في السابق. هذه شائعة خاطئة تماماً باستثناء في المجالات متقدمة التكنولوجيا وفي الترقيات الداخلية. إذا اتخذت قرارك بناءً على تلك الإشاعة فأنت تضر نفسك بدرجة كبيرة.

في مقال نُشر على موقع Work Coach Cafe بعنوان "15 نصيحة للبحث عن وظيفة من شخص حصل لتوه على وظيفة" ذكر شخص يُدعى جون نجح في الحصول على وظيفة لأن المدير التنفيذي للشركة تواصل معه شخصياً لكي يشكره على إرسال رسالة تعريفية! في الواقع كان جون هو المرشح الوحيد للوظيفة الذي أرسل رسالة تعريفية، والسبب في ذلك على الأرجح هو أن الآخرين قد صدقوا الشائعة التي تقول بأن الرسائل التعريفية لا تُقرأ أبداً. لقد ترك جون انطباعاً جيداً.

تعتبر الرسالة التعريفية هي الطريقة المثلى لتوضيح إمكانياتك لمديري التوظيف وما يمكنك تقديمه لهم والأسباب التي توضح سبب رغبتك في الحصول على الوظيفة أو المنصب المنشود. لكن وقتك لا يكفي لطرح كل هذه الأمور، لذا إن كنت حقاً تود إثارة اهتمامهم فعليك أن تبدأ رسالتك بشيءٍ يثير انتباه القارئ.

في حوالي 500 كلمة يجب عليك جذب انتباه مدير التوظيف وإخباره بسبب رغبتك في الحصول على الوظيفة وإقناعه بأنك المرشح الأفضل الذي يمكن أن يعثر عليه. من المؤكد أن هذه المهمة ليست سهلة، لكن إذا قمت بكتابة رسالتك التعريفية بشكل جيد فمن الممكن أن تكون سبباً في حصولك الفوري على وظيفة أحلامك.

فيما يلي بعض النصائح المفيدة لكتابة الرسالة التعريفية بشكل مثالي:

1. بدلاً من بدء الرسالة بكتابة شيء عن نفسك، أذكر ما تعرفه عن احتياجات الشركة. هل لديك فجوة في سيرتك الذاتية؟ اشرح سبب ذلك في الرسالة التعريفية: "مقاومة السرطان والقضاء عليه بشكل نهائي يتطلب أن تكون بطلاً ورجلاً حديدياً. سأحارب من أجل شركتكم بنفس الحماس الذي قاومت به السرطان".
2. بعد أن تثبت معرفتك بما تحتاجه الشركة، اذكر سبب مطابقتك للوظيفة: اذكر بإيجاز الأسباب الرئيسية التي تجعلك المرشح الأنسب لهذه الوظيفة. يمكن استخدام بضع جمل للقيام بهذه المهمة.
3. اذكر في نقاط أهم ثلاثة إنجازات قمت بحقيقها – الإنجازات الأكثر صلة بهذا المنصب، وقم بذكرها بإيجاز حتى يتسنى للقارئ الحصول على لمحة سريعة حول ما يُمكنك تقديمه لمنظمته.

حقق عملائي نجاحاً باهراً في الحصول على مقابلات عمل، وأنا أعلم أن جزء من هذا النجاح على الأقل يعود إلى الرسائل التعريفية الفعالة والجذابة التي يستخدمونها.

كيف يجب أن يكون طول رسالتي التعريفية؟

يجب أن لا تتجاوز الرسالة التعريفية النموذجية الصفحة الواحدة حتى 500 كلمة. هدفك الرئيسي هو إيصال أكبر قدر ممكن من المعلومات بأقل قدر ممكن من الكلمات. لا يحب القائمون على التوظيف قراءة نصوص طويلة، لذلك قم بهيكلة رسالتك في فقرات منفصلة.

كيف يجب علي هيكلة رسالتي التعريفية؟

رسالتك التعريفية هي ما يجذب انتباه مدير التوظيف ويجبره على القراءة. أول جملتين أو ثلاث جمل تخلق الانطباع الأول عنك كمرشح للوظيفة. تجنب استخدام عبارات مثل: "أتقدم بطلب لشغل وظيفة ...." أو "لفت عرض العمل هذا انتباهي لأن ...."، بل انطلق مباشرة إلى بيت القصيد. أظهر بعض الحب للشركة والشغف بالوظيفة المتاحة. على سبيل المثال يُمكنك كتابة: "أحب أن أعمل لصالح (اكتب اسم الشركة) لأنني اعتقد أن شغفي بـ (اكتب مهارة)" يُلائم فلسفة الشركة ملاءمة تامة.

انطلق مباشرة إلى بيت القصيد. هذا هو المكان الذي يجب أن تقول فيه كل شيء. أعد قراءة الوصف الوظيفي بعناية وحدد أي المهارات المطلوبة تجيدها وتتقنها، وأبرز مهاراتك القابلة للنقل للآخرين.

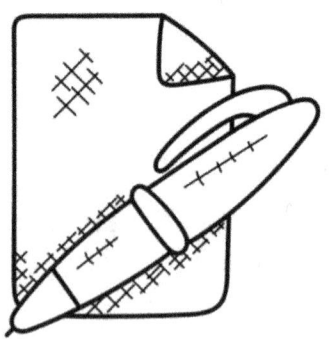

أما فيما يتعلق بأسلوبك في الكتابة، فلا تكتفي بوصف مهاراتك وسماتك الشخصية وصفاً جافاً. ضع في اعتبارك أن الشركة لا ترغب في توظيفك بسبب كونك شخصاً مميزاً، بل لأنها تعتقد أنه يمكنك إضافة قيمة إلى فريقها. لذلك دعهم يعرفون مدى الاستفادة التي يُمكن أن تحصل عليها الشركة من مهاراتك، واذكر مجالاً معيناً تبرع فيه.

وائم بين أسلوبك ومستوى اللياقة المناسب لهذا المنصب. سواء كانت رسالتك التعريفية رسمية أم لا، ضع في اعتبارك ما يلي: لا تتباهى بنفسك لكن لا تقلل من شأنك في الوقت ذاته. كلمة السر هنا هي أن تبدو واثقاً في مهاراتك مع التزامك بالتواضع كشخص.

أخبرهم كيف تجعل منك خبراتك وقدراتك مرشحاً مثالياً. يمكنك كذلك التعبير عن الرغبة في التفاعل مستقبلاً مثل: "أتطلع إلى مقابلتك بشكل شخصي".

في نهاية الرسالة يجب أن تترك انطباعاً بأنك شخص ملتزم وواثق بنفسه بشكل طبيعي. إذا كنت تفتقر إلى الخبرة فأكد على أنك متحمس لتعلم أشياء جديدة ومتلهف للانضمام للفريق.

ما هي الكلمات/العبارات التي يجب علي استخدامها في رسالتي التعريفية؟

فيما يتعلق بالصياغة لا تقم بتكرار ما هو موجود في سيرتك الذاتية. التزم بالكلمات الرئيسية المرتبطة بما تتطلبه الوظيفة (نفس الكلمات التي استخدمتها في سيرتك الذاتية) لكن لا تنس أن تستخدم أفعال حيوية جديدة.

لا يحب القائمون على التوظيف قراءة النصوص الطويلة، لذلك قم بكتابتها في فقرات منفصلة. وكقاعدة عامة يجب أن تعبر رسالتك التعريفية عن حماسك وشغفك بهذه لوظيفة. استخدم الكلمات التي تجلب الطاقة الإيجابية.

بعض الكلمات والعبارات الرائعة التي يُمكن استخدامها:

متحمس وماهر في

إيجابي

شغوف بـ

مصدر إلهامي

كفاءة

خبير في

متفائل

ما هي الكلمات/العبارات التي يجب علي عدم استخدامها في رسالتي التعريفية؟

كما ذكرنا سابقاً في حديثنا عن السيرة الذاتية، دع الكلمات الطنانة خارجاً.

اترك الجمل الغامضة مثل "أنا شخص متحمس جداً" أو "أنا شخص مجتهد في العمل وسلوكي إيجابي" أو حتى "أنا أفكر خارج الصندوق".

تحقق من قائمتنا لأكثر الكلمات الطنانة استخداماً، وإذا ظهر أي منها في رسالتك التعريفية فلا تتردد في حذفها على الفور. تجنب استخدام كلمات مثل "جيد" و"الأفضل". يقول الكثير من الناس أنهم جيدون في هذا وذاك، لكن كلمة "جيد" تشبه أن تقول عن شخص ما أنه "لطيف"، فهي لا تعني أي شيء على الإطلاق. على الجانب الآخر يبدو استخدام كلمة "الأفضل" إلى الثقة الزائدة بالنفس أو حتى التكبر. استخدم هذه الكلمات بدلاً من ذلك:

مثالي

متفوق

ممتاز

كفؤ

خبير في

ماهر في

تجنب قول "أعتقد" أو "أؤمن" أو "أنا واثق" أو حتى "أشعر". هذه عبارات مبتذلة من شأنها أن تجعلك تبدو متزعزعا وغير واثق. مثلاً بدلاً من قول "أعتقد أن خبرتي في العمل في الدفع مقابل النقر (PPC) والتسويق بالمحتوى ستجعلني مدير رائع لوسائل التواصل الاجتماعي" قل "خبرتي في العمل في الدفع مقابل النقر (PPC) والتسويق بالمحتوى ستجعلني مدير رائع لوسائل التواصل الاجتماعي".

علاوة على ذلك، يجب عليك أن تراعي سهولة قراءة رسالتك التعريفية. تجنب الجمل الطويلة والعبارات المعقدة. اجعل رسالتك التعريفية سهلة وخفيفة.

46

أربعة أشياء يجب أن تتذكرها عندما تكتب رسالة تعريفية

1. وائم رسالتك التعريفية مع كل طلب وظيفة.

2. هذا أمر بديهي لا داعي لقوله، لكن احرص على خلو الرسالة التعريفية من الأخطاء الإملائية والنحوية.

3. لا تذكر أبداً توقعاتك حول الراتب.

4. لا تستخدم عبارات الثناء المبالغ فيها مثل: "كنت الأفضل في صفي" أو "كنت أفضل شخص في الفريق" أو "أنا المرشح الأفضل بسبب..." حتى إذا كنت حقاً الأفضل فيما تفعله، فعندما تقول ذلك تبدو وكأنك تتباهى.

لا تتباهى لكن لا تقلل من شأنك في الوقت ذاته.

كلمة السر هي أن تبدو واثقاً في مهاراتك مع التزامك بالتواضع كشخص

الفصل الرابع

استغل لينكد إن و مواقع التواصل الإجتماعي لصالحك

توسيع شبكة علاقاتك

لينكد إن وبالانجليزية Linked in هو عبارة عن شبكة تواصل اجتماعي في المجال المهني

ما هي فائدة موقع لينكد إن للباحثين عن الوظائف؟

يمكن أن يساعدك موقع لينكد إن في التالي على سبيل المثال

- توسيع شبكتك المهنية
- التواصل مع أصحاب العمل والشركات التي تقوم بالتوظيف.
- التواصل مع زملاء الدراسة السابقين أو زملاء العمل في الإطار المهني
- الحصول على العملاء اذا كنت مثلا صاحب عمل حر (فريلانسر)
- تبادل المعلومات وآخر الاخبار في مجال عملك
- التقديم للوظائف، بضغطه زر يمكن التقديم على أي وظيفة متاحة ومشاركة سيرتك الذاتية مع جهات التوظيف .

49

كيف يختلف لينكد إن عن سيرتك الذاتية ؟

- عادة ما تكون السيرة الذاتية وثيقة واحدة أو صفحتين مما يحد من المعلومات التي تقدمها.

- لكن ملفك الشخصي على لينكد إن يمكن أن يحتوي على عدد كبير من المعلومات الأخرى، مثل الأشخاص الذين قاموا بعمل توصية لك والمقالات التي كتبتها ومقاطع الفيديو والروابط التي شاركتها والأشياء التي تحبها والأشخاص الذين تعرفهم، وما إلى ذلك.

- يوفر LinkedIn الكثير و يعتبر تجربة أكثر ثراءً من السيرة الذاتية.

50

1- انفق الوقت الذي يتطلبه الأمر:

- ببساطة, كلما كان ملفك الشخصي أكثر اكتمالاً, زادت إحتمالات نجاحك في عثور جهات التوظيف عليك في المقام الأول.

- لذا فإن اكتمال ملفك الشخصي مهم من هذه الناحية. كما أنه من المهم أيضاً بعد العثور عليك من قبل أحدى جهات التوظيف, وقرر أحدهم النقر على ملفك الشخصي, فهو بذلك يريد معرفة مهاراتك وأين عملت وكيف يرى الآخرين إنجازاتك. لذلك لا تكن كسولاً, وإملأ كل قسم في ملفك الشخصي. الأمر الجيد هو أن موقع Linkedin سوف يقيم مدى اكتمال وقوة ملفك الشخصي أثناء عملك، ويقدم اقتراحات حول كيفية جعله أكثر قوة.

2- احصل على عنوان ويب مخصص:

من الأسهل نشر ملفك الشخصي باستخدام عنوان URL مخصص. الأمثل هو (Linkedin.com/اسمك). بدلاً من الجمع غير الدقيق للأرقام التي يضعها Linkedin تلقائياً عند تسجيل الدخول للموقع.

حسناً لعلك تتساءل عن كيفية تعيين URL مخصص. في شاشة تعديل الملف الشخصي, في الجزء السفلي من النافذة الرمادية التي تعرض معلوماتك الأساسية, سترى عنوان URL لملف شخصي عام, انقر 'تعديل' Edit بجوار عنوان URL وحدد عنوانك. وعندما تنتهي، اضغط على تحديد عنوان URL مخصص.

3- اختر صورةً رائعةً:

اختر صورة واضحة، وودية، واحترافية مناسبة. وإذا لم تكن متأكداً من معنى "احترافية مناسبة"، ألقِ نظرة على ما يرتديه الناس في الشركة التي تهدف للعمل لديها، أو قطاع الصناعة أو مجال الأعمال الذي تستهدفه, وأرتدِ مثل ما يرتدونه. (نصيحة خبير: يقول مدونٌ جرّب عدة صور على Linkedin لمعرفة أيها الأكثر جذباً للانتباه: "يستحسن اختيار صورة لك أثناء عملك"). الصورة الجيدة من شأنها التعبير عن الشغف والطاقة والكاريزما والمهارات الأخرى التي تتعذر كتابتها.

4- اكتب عنواناً لافتاً للانتباه:

ليس بالضرورة أن يكون عنوانك هو المسمى الوظيفي والشركة التي تعمل لصالحها. بل ينبغي ألا يكون كذلك، لا سيما إذا كنت تبحث عن وظيفة. بدلاً من ذلك استخدم مساحة العنوان لعرض اختصاصك، أو القيمة المقدَّمة value proposition الخاصة بك. ويفضّل أن يكون ما تكتبه أكثر تحديداً بحيث يميزك في المنافسة.

5- استخدم الوصف الوظيفي للوظيفة المستهدفة لصالحك:

ألقِ نظرةً على الوصف الوظيفي للوظائف التي تستهدفها ثم انسخها على أداة سحابة كلمات word cloud مثل *wordle*. وانظر إلى الكلمات التي تبرز. من المرجح أنها الكلمات التي تبحث عنها جهة التوظيف عندما يبحثون عن أشخاص مثلك. تأكد من أن تلك الكلمات والعبارات موزعة في جميع فقرات ملخص خبراتك.

https://www.updateland.com/best–word–cloud–generator/

6- لا تهدر مساحة الملخص:

في الوضع المثالي، ينبغي أن يتكون الملخص من حوالي 3 إلى 5 فقرات قصيرة, ويفضل أن يكون في شكل نقاط, توضح للقارئ شغفك بالعمل ومهاراتك الأساسية ومؤهلاتك المميزة وقائمة بمختلف المجالات التي خضتها على مر السنين *Career Horizons*.

7- أستخدم لغة الأرقام للعرض:

كما هو الحال مع بقية سيرتك الذاتية، ينبغي لك إبراز إنجازاتك السابقة في الملخص الخاص بك. وإذا أمكن، اذكر الأرقام ودراسات الحالة التي تثبت نجاحك. على سبيل المثال، يقوم مستشار وسائل التواصل الإجتماعي والمتحدث 'واين بريتبارث' بإثبات مصداقيته لدى جمهوره سريعاً بذكر الجملة الثانية من الملخص: *"لقد ساعدت أكثر من 40000 رجل*

أعمال – من مستوى المتدربين وحتى مستوى المديرين التنفيذيين– على فهم كيفية استخدام Linkedin استخداماً فعّالاً .

لا تقلل أبداً من شأن لغة الأرقام وقوتها في إثارة إعجاب القارئ. *American Express OPEN Forum*.

8– تجنب التعبيرات الرنانة كما تتجنب العدوى:

ما هو القاسم المشترك بين الكلمات التالية: مسؤول, مبدع, مؤثر, ذو قدرة على التفكير التحليلي والإستراتيجي والتنظيمي, صبور, خبير، ذو دافعية كبيرة, مبتكر؟

أنها تعد من أكثر الكلمات الرنانة استخداماً في جميع حسابات Linkedin. يمكنك أن تكون أكثر إبداعاً.

9- عامل ملفك الشخصي كما تعامل سيرتك المهنية:

سيرتك الذاتية ليست مجرد قائمة بالواجبات الوظيفية (أوعلى الأقل يجب ألّا تكون كذلك)، بل هي مكان لإبراز أفضل إنجازاتك. وينطبق نفس الشيء على ملفك الشخصي على Linkedin. تأكد أن قسم خبراتك موضح على شكل نقاط تصف ما فعلته، ومدى نجاحك فيه، والذين تأثروا به.

10- استخدم ضمير المتكلم:

يفضل أن لا تستخدم ضمير المتكلم في كتابة سيرتك الذاتية، لكن يستحسن استخدامه في ملف Linkedin الشخصي الخاص بك.

قل: «أنا منسق جمع تبرعات قمت بجمع أكثر من 400000 دولار لصالح الجمعيات الخيرية خلال العام الماضي». وليس «جاكي ستيفنز، منسق جمع تبرعات .....».

11- أضف طابعاً شخصياً:

«ملفك الشخصي ليس سيرتك الذاتية. اكتب كما لو كنت تجري محادثةً مع شخصٍ ما, عبر عن شخصيتك ودع الآخرين يتعرفون إلى قيمك وشغفك.

ناقش ما تفعله خارج العمل بما تكتبه في الملخص. فما تريده هو معرفة الناس بك». *فوربس*.

12- أظهر إنجازاتك:

يقضي الموظِفون ساعاتٍ لا تحصى في البحث عن الأشخاص ذوي الكفاءات. فأنت بذلك تخدم نفسك جيداً بتسويق نفسك كصاحب كفاءة في قسمي الملخص والخبرات. (لذا ركز على الإنجازات، وذكر الاوقات التي حصلت فيها على ترقيات، أو تم تفويضك فيها لتنفيذ مشاريع بعينها).

13- أدخل الوظيفة الحالية حتى لو كنت عاطلاً عن العمل:

«إذا لم تدرج سوى المناصب السابقة التي شغلتها في قسم الخبرات, ولم تذكر وظيفتك حالياً, فعلى الأرجح سوف يُغض الطرف عنك في عمليات البحث. لماذا؟ لأن معظم محترفي التوظيف ينظرون بشكل حصري إلى خانة المهنة الحالية للبحث عن المرشحين, وإلا فسيكون عليهم فرز آلاف المرشحين الذين شغلوا منصباً معيناً، (على سبيل المثال مصمم جرافيك) قبل عشرين عاماً أو أكثر. إن الحل البسيط البديل , إذا كنت عاطلاً عن العمل، هو إنشاء قائمة عمل وهمية في خانة المهنة الحالية تتضمن المسمى الوظيفي الذي تستهدفه :مثلاً طالب بدوام كامل / محلل مالي تحت التدريب. متبوعاً بعبارة مثل "في مرحلةٍ إنتقالية أو أبحث عن فرصة جديدة" في خانة اسم الشركة». *جامعة واشنطون*.

14- وظف الوسائط المتعددة في الملخص الخاص بملفك الشخصي:

«الصورة قد تساوي بالفعل 1000 كلمة, خاصةً عندما يتعلق الأمر بعرض عملك. يتيح لك موقع Linkedin إضافة الصور ومقاطع الفيديو وعرض الشرائح إلى ملخص ملفك الشخصي.

لذا بدلاً من الكتابة عن عملك، يمكنك أن تقوم بعرض نماذج, أو بإظهار نفسك في العمل, أو مشاركة عرض تقديمي. أنقر على 'تعديل الملف الشخصي' ثم مرر لأسفل الملخص وأنقر عللى رمز المربع ثم إضغط على خيار 'إضافة ملف'». *بزنس إنسايدر*.

15- خبراتك العملية :

يمكن أن تفعل الشيء نفسه لكلٍ من تجارب عملك. لذا استثمر ما يلي لصالحك: أضف مواقع الويب الخاصة بالشركات التي عملت بها, أو المشاريع التي عملت عليها, أو المقالات التي قمت بكتابتها, أو أي شيء حول عملك يمكن أن يتوفر بخاصية الوسائط المتعددة (صوت – فيديو – صور – ملف pdf الخ).

16–أضف مشاريعاً, أو تجاربك في العمل الطوعي, أو اللغات التي تتحدثها:

هل تتحدث اللغة الصينية؟ هل لديك شهادة في إدارة المشاريع؟ هل تتطوع في مبادرات مجتمعية بشكل راتب؟ إن إضافة هذه "الميزات الإضافية" (خيار مدرج على اليسار عند تعديل ملفك الشخصي) تعتبر طريقة رائعة لعرض مهاراتك وخبراتك الفريدة, كما تميزك عن الأخرين.

17– طلب توصية واحدة على LinkedIn كل شهر:

عندما يقول أحدهم : "لقد قمت بعمل رائع في هذا المشروع", اطلب منه أو منها توثيق هذا النجاح بكتابة توصيةٍ على Linkedin، ولا تخش تحديد ما تريد أن يركز عليه.

الحصول على توصيات عامة كالتي تقول: لقد كان العمل رائعاً مع ساره, مثلاً, ليست مفيدةً للغاية, ولكن عندما تكون التوصيات محددة مثل أن تقول: مساهمات سارة في المشروع مكنتنا من زيادة الارباح المتوقعة بنسبة 5% عن خطتنا الأصلية. من شأنها إظهار مكامن قوتك.

18- اتبع استراتيجية معينة في طلب التوصيات:

تقول نيكول وليامز الخبيرة المهنية بموقع Linkedin: «ضع خطة إستراتيجية لتوصياتك. تواصل مع أشخاص مختلفين واقترح عليهم مهارات أو خبرات معينة ترغب في إبرازها».

19- لا تخش اختيار التوصيات التي تود عرضها:

لنكن صادقين, ليس كل توصية ينالها ملفك الشخصي على موقع Linkedin مكتوبة كتابة جميلة أو حتى ذات صلةٍ بنجاحك المهني. لحسن الحظ يرسل الموقع لك التوصيات قبل عرضها, ويمكنك أن تقرر إضافتها إلى ملفك الشخصي أو استبعادها أو تركها معلقة. كما يمكنك إدارة التوصيات الموجودة بالفعل في ملفك الشخصي من خلال النقر على خيار "تعديل" في هذا القسم والتبديل إلى "إظهار" أو "إخفاء" كلٌ منها إذا كانت قريبةً من الحقيقة ولكنها ليست حقيقية تماماً, ويمكنك أيضا أن تطلب من الشخص الذي كتبها مراجعتها.

20- قم بإدارة مسمياتك الوظيفية:

يمكن أن تمثل المسميات الوظيفية وسيلة رائعة لإظهار مهاراتك, ما دام ملفك الشخصي ليس محملاً بأكثر من اللازم. وسر استغلالها الأمثل هو التحديث الدائم لمهاراتك: وأنت تتنقل بين المهن، أو تطور مهارات جديدة, أو تتولى مسؤوليات جديدة. قم بإسقاط المسميات والمهارات التي عفى عليها الزمن وأضف تلك التي تريد أن تعرف بها الآن. وهكذا لن يرى زوار صفحتك سوى المهارات والمسميات الوظيفية ذات الصلة.

21- قم بتحديث منشورات:

تماماً كما هو الحال مع فيسبوك و تويتر يمكنك تحديث منشوراتك على لنكد إن بقدر ما تشاء.

شارك معلومات وآراء مفيدة في مجال عملك أو المجالات الأخرى التي تهمك وليس ما تناولته لتناول طعام الغداء اليوم.

الوضع المثالي هو التحديث مرة واحدة في الأسبوع ، ويفضل 3 مرات يوميا. سيشاهد جميع الذين يتابعونك تحديثاتك, سواء في آخر الأخبار أو رسائل البريد الألكتروني الأسبوعية لتحديثات شبكة Linkedin التي يتلقونها.

22- كن كاتباً:

يمكن لجميع المستخدمين كتابة أعمالهم ونشرها على المنصة. شارك وجهة نظرك حول ما يجري في مجالك, أو التأثيرات الناجمة عن تطور المجال مؤخراً, أو أظهر مهاراتك ككاتب. إنها طريقةٌ رائعةٌ لجذب الإنتباه.

23- أضف مدونتك:

إذا كان لديك مدونة على word press ففكر في إضافتها إلى خاصية النشر الآلي على LinkedIn لنشر مشاركاتك الجديدة على المدونة تلقائياً على ملفك الشخصي.

24- إنضم إلى المجموعات:

إن مجموعات لينكد إن عبارة عن مورد لا يصدق, ويمكن أن تقدم لك العجائب في حال بحثك عن وظيفة, بالإنضمام إلى مجموعات ذات صلةٍ بمهنتك أو مجال عملك, أولاً ستثبت أنك مرتبطٌ بمجالك, ولكن الأهم من ذلك أنك ستتفاعل بصورة فورية مع الاشخاص والنقاشات ذات الصلة بمجالك. فيصبح الأمر أشبه بفعالية مستمرة عبر الإنترنت.

25- لا بد أن يكون لديك 50 جهة إتصال على الأقل:

إن وجود 50 جهة اتصال أو أقل على Linkedin يخبر الموظفين عن واحد من ثلاثة أشياء:

■ أنك شخصٌ منعزل يعرف عدداً قليلاً جداً من الناس.

■ أنك ترتاب من التواصل مع الأخرين

■ التكنلوجيا ووسائط التواصل الإجتماعية مخيفةٌ جداً بالنسبة إليك

لا شيء من بينها يعتبر أمراً جيداً. ومن المؤكد أننا لا نقترح عليك أن تكون واحداً من أولئك المدّعين الذين يتباهون بما لديهم من عدد كبيرٍ جداً من جهات الإتصال. ولكن لا بد أن يكون لديك على الأقل ما بين 50 إلى 100 شخص تربطك بهم معرفة.

26- لا تضف أشخاصاً لا تعرفهم:

إذا رفض عددٌ كاف من الأشخاص طلبك وتحدثوا عن أنهم لا يعرفونك, فيمكن ل LinkedIn إيقاف حسابك على الفور.

27- تجنب الإفراط والمبالغة :

مع كل تنبيهات الأجراس التي تقدمها LinkedIn وبدون أن يقتصر ذلك 8.5×11 من حدود سيرتك الذاتية ؟؟؟؟؟؟, إضافة الكثير من الأشياء التي لا داعي لها, وفي حين أن التفاصيل قد تكون جيدة, هناك أشياء تعتبر زائدة, لذا عد إلى الخلف والق نظرة على ملفك الشخصي لترى كيف سيبدو من وجهة نظر شخص أخر, هل هو مثير للاهتمام أم مبالغٌ فيه؟.

28- حافظ على سرية بحثك عن وظيفة:

«يعتقد الكثيرون عدم وجود ضبط للخصوصية على موقع Linkedin, لسببٍ ما. توضح نيكول ويليامز: "عندما تبحث عن وظيفة جديدة وأنت ما تزال تزاول عملك الحالي، ينبغي لك أن تكون متحفظاً. تحديث ملفك الشخصي والتواصل مع جهات التوظيف ووجود أشخاص جدد على حسابك من الإشارات التي تنبه صاحب عملك إلى أنك تود ترك العمل. لذا يمكنك تعديل إعداداتك بحيث لا يرى رئيسك في العمل أنك تبحث عن فرص أخرى". يمكنك العثور على إعدادات الخصوصية بسهولة. ما عليك سوى تسجيل الدخول ثم اضغط على "إعدادات" من القائمة, حيث يظهر اسمك في الزاوية اليمنى العليا».
.LearnVest

29- تأكد من سهولة العثور عليك:

لا تنس أبداً إضافة عنوان بريدك الألكتروني (أو مدونتك أو عنوانك على twitter أو أي مكان آخر تود أن يُعثر عليك فيه) إلى قسم معلومات الاتصال في سيرتك الذاتية. ستفاجأ بعدد الأشخاص الذين لا يهتمون بالأمر.

30- كن متحمساً:

في نهاية الأمر، أكثر جهات التوظيف تتحمس لتوظيف الأشخاص الأكثر حماساً وشغفاً بما يفعلونه. لذا تأكد أن ملفك الشخصي على Linkedin يظهر حماستك. وعليك أيضاً الإنضمام والمشاركة في مجموعات ذات صلة بمجال خبرتك. استخدم حالتك للإعلان عن الأشياء التي تفعلها ذات الصلة بمجالك, وتبادل الأخبار والمقالات المثيرة للإهتمام, وتواصل مع القادة في مجال عملك. اجعل علمك الخاص يرفرف عالياً.

الفصل الخامس

اترك أثرا بواسطة موقع شخصي

أترك أثرا بموقعك الإلكتروني

السيرة الذاتية لم تعد كافية لوحدها للمنافسة على الوظائف في عالم اليوم، يجب أن تقوم ببناء حضور قوي على الإنترنت حتى تبدو بشكل احترافي حينما يبحث شخص ما عن اسمك في قوقل.

لذا يمكننا القول إن قوقل اصبح هو السيرة الذاتية، بمعني أن موقعك الإلكتروني ومدونتك الشخصية على الإنترنت هما سيرتك الذاتيه.

7 طرق للحصول على حضور قوي علي شبكة الإنترنت :

1) حسن ملفك الشخصي على لينكد إن وأكمله بنسبة 100% وتأكد من احتوائه على الكلمات الدلالية التي يبحث عنها أصحاب العمل (تواصل معنا للحصول على تقييم مجاني لحسابك على لينكد إن مع تقرير عن كيفية تحسينه).

2) قم بتنظيف حسابات التواصل الخاصة بك من أي صور غير لائقة أو أي منشورات مثيرة للجدل يمكن أن تضرك مهنياً.

3) قم ببناء موقع الكتروني شخصي و أرفق سيرتك الذاتية وحسابات التواصل الخاصة بك.

4) انشيء سيرة ذاتية على البوربوينت و ارفعها على موقع سلايد شير

5) انشيء مدونة شخصية واكتب فيها بشكل دوري على الأقل مرة واحد اسبوعيا. الأشخاص الذين لديهم مدونات الكترونية يعتبرون من القادة و المؤثرين، شارك فيها معلوماتك وآراءك حول مجال عملك و هواياتك أو المجالات الأخرى التي تهتم بها (تجنب السياسة و الأمور المحرجة).

6) انشر فيديو مهني احترافي على اليوتيوب وأضفه للمدونة الشخصية.

7) ابحث عن اسمك في قوقل و بقية محركات البحث وراجع نتائج البحث و انظر إذا كان هنالك أي شيء يمكن أن يؤثر في حصولك على الوظيفة واحذفه على الفور.

لماذا يفضل أن يكون لديك موقع الكتروني شخصي:

قد تعتقد أنك لا تحتاج إلى موقع شخصي. خاصة إذا لم يكن لديك الكثير من الخبرة أو التجارب الكافية لبناء بورتفوليو قوي .

ومع ذلك، حتى بدون وجود تجارب وخبرات كثيرة، فإن إنشاء موقع شخصي على الويب يخلق انطباعًا جيداً عنك كمحترف.

أقرأ مقالنا التالي عن اهم 5 اسباب تجعل من السيرة الذاتية على الإنترنت امر ذكياً

1) إنها متميزة من ناحية المظهر

أحد الأمور التي تعلمتها فيما يخص السير الذاتية، أنها ملف تسويقي كأي مستند تسويقي آخر. إلا أن هذا الملف مختلف من ناحية أنه يسوق لك **أنت**. مشكلتها الوحيدة أن السير الذاتية باللونين الأبيض والأسود لا تعمل على التسويق لك بشكل جيد وفعال. وفي أغلب الأحيان ينتهي بها الأمر على مكتب أحد أصحاب العمل ومعها العديد من السير الذاتية الأخرى بالأبيض والأسود. أضف أنها لن تبرز أي سمات خاصة بك. وكل ما ستقوم بإبرازه هو بعض التفاصيل المهنية والمهارات الخاصة بك. وإن هذا لأمر محزن. ومع ذلك لو فكرت للحظة لوجدت أن هذا الأمر يمكن أن يعطيك أولوية وفرصة رائعة. إذا قدم كل شخص سيرته الذاتية التقليدية، بينما أنت الشخص الوحيد الذي قدم أمرا مختلفا، ملوناً، ويعطي انطباعا شخصيا عنك، عندها ستتميز عن الجميع فوراً. هذا يعتبر تسويق بالمعنى التقليدي وإنه ليس أمرا صعبا أن تنشيء سيره ذاتيه على الانترنت.

(2) تستطيع أن تظهر نفسك تبعاً لشروطك ورغباتك

يوجد كتاب رائع للكاتب أورين كلاف بعنوان "Pitch Anything". يتحدث فيه عن إظهار نفسك وكيف أننا غالبا نكون في مواقف ذات إطار جاهز لا يناسبنا. عمليات التوظيف والسير الذاتية التقليدية تعد أحد الأمثلة عن هذه المواقف. منذ البداية وحتى النهاية تعمل على السيطرة على المتقدم. بدءا من الآلية التي يتوجب تقديم الطلب بها، ماهي الشروط المطلوبة، إلى حين تحديد موعد المقابلات، حتى عملية الانتظار في قسم الاستقبال مع 5 متقدمين آخرين. وبهذه الطريقة يكون المنصب الوظيفي وبشكل واضح يظهر كأنه الجائزة والمتقدم هو أحد المنافسين للفوز بها. قارن ذلك بمقابلتك مع صاحب عمل محتمل على الغداء حيث يتم معاملتك بشكل مساوٍ له. الأمران مختلفان وبشكل كبير جدا.

ولكن ما علاقة ذلك بالسيرة الذاتية على الانترنت؟ في الواقع وبشكل مشابه، السيرة الذاتية على الانترنت تسمح لك بكسر حاجز عملية التوظيف التقليدية. منذ البدء، أنت تقوم بنقل صاحب العمل إلى وسيط جديد وهذا يتيح لك إعادة صياغة عملية المشاركة. أصبح بإمكانك الآن إنشاء مسار خاص بك من خلال موقع الويب الذي يتحدث عنك وبأفضل طريقة. يمكنك تضمين بعض القصص لتشرح من أنت وما الذي تحبه. يمكنك أن تتحدث عن أصحاب العمل الذين تعمل معهم بشكل أفضل، ويمكنك أيضًا إنشاء دعوة للعمل (اتخاذ إجراء)، مما يعني أنه يمكنك أساسا أن تطلب من صاحب العمل القيام بشيء ما. على سبيل المثال، يمكنك دعوة صاحب العمل لتناول الغداء معك وكسر مظهر عملية التوظيف التقليدي مرة أخرى. الآن فكر مجددا بالسيرة الذاتية الورقية الملقاة على مكتب أحد أصحاب العمل. ألا يبدو الأمر غير فعال عندما تقارنه؟

 **3) السيرة الذاتية على الانترنت تمكنك من إضافة الفيديو**

حاليا يعتبر الفيديو أمر مطلوب وبكثرة على الانترنت. والاجماع العام يتوجه نحو أهمية إضافة فيديو لموقعك الالكتروني. ويمكن إرجاع ذلك لعدة أسباب. السبب الأول هو وجود جمهور ضخم جدا للفيديوهات عبر المواقع مثل موقع يوتيوب (YouTube). والسبب الثاني يكمن في أن الفيديو يعتبر طريقه مهمه جدا لتتواصل مع الآخرين. فعندما نشاهد فيديو لأحدهم نتمكن من التعرف عليه ومعرفته بشكل أفضل. يمكننا رؤية تعابيره وسلوكياته وأيضا سماع صوته. حتى إننا نبني علاقة معه عبر هذا الفيديو. وعلى الرغم من غرابة هذه المعلومة، إلا أننا نقوم بفعل ذلك وبشكل يومي. فكر بمقدمي برامج التلفاز، على الأغلب أنه لم يسبق لك وقابلت أحدهم، ولكنك تعرف أمورا عنهم ويوجد علاقة قوية تربطك بهم على الرغم من كونهم غرباء تماما عنك. ويمكن تطبيق نفس المفهوم على سيرتك الذاتية على الانترنت. يمكنك أن تتكلم عن أمور عدة لا تسمح بها السيرة الذاتية الورقية، كأن تشرح سبب توجهك نحو هذه المهنة، أين درست، ما لذي قمت به ومن هم أصحاب العمل الذين تتوافق في عملك معهم. ولا تخشى أبدا من إخافة أصحاب العمل بسبب طريقة تقديمك لنفسك، لأن هذا الأمر مشابه تماما لإجرائك مقابلة عمل حقيقية، إلا أنه واثناء المقابلة سيكون عليك ضغط أكبر وستكون سيطرتك على نفسك أقل. الفيديو يسمح لك بالإجابة عن الأسئلة التي تود أن تجيب عنها، ولديك الوقت الكافي للتعديل. والعامل المهم هنا، لا يتوجب عليك الحصول على كل الوظائف، كل ما عليك هو إيجاد صاحب العمل الذي يتوافق معك، وباستخدامك للفيديو تتمكن من إظهار نفسك وبشكل حقيقي الى الواجهة لتكون مركز الاهتمام.

(4) يمكنك الاستفادة من مواقع التواصل الاجتماعي

إذا كنت متابعا لمواقع التواصل الاجتماعي، فعلى الأغلب تمتلك وسائل للوصول لأصحاب العمل المحتملين. إلا وأنه أمر غريب أن تشارك سيرتك الذاتية بشكل ملف PDF على منصة تويتر مثلا. لكنه أمر عادي أن تقوم بمشاركة رابط لموقع على الانترنت، وفي هذا الموقع ستكون سيرتك الذاتية موجودة. وعلى سبيل المثال يمكنك نشر التغريدة التالية:

"أنا أبحث عن عمل جديد، هل يوجد من يريد مهندس معماري لمشروعه؟ هنا تضع الرابط لسيرتك الذاتية على الانترنت"

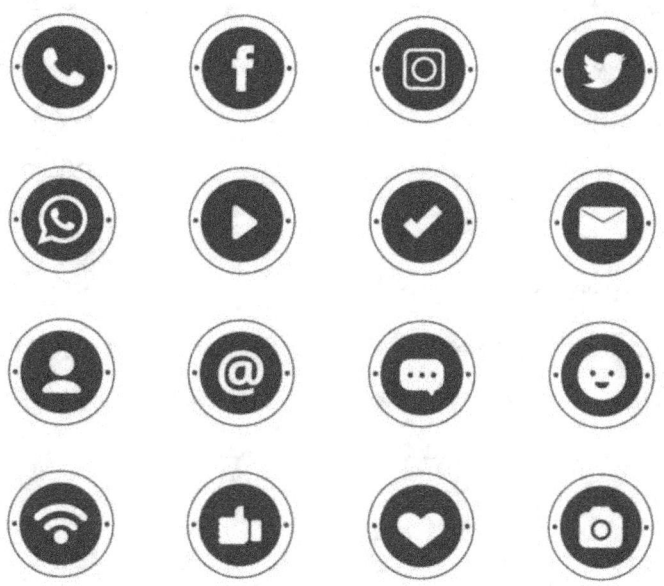

5) فوائد طويلة الأمد من السيو SEO و محركات البحث

هنالك بعض الفوائد طويلة الأمد من ال) SEO تقنيات تحسين الموقع لمحركات البحث) والتي قد لا تنطبق على الجميع، ولكني فكرت أنه من المهم ذكرها.

تخيل وجود مهندس معماري يقرر إنشاء سيرة ذاتية على الانترنت، وبعد خمس سنوات يقرر إنشاء مشروع عمله الخاص وينشيء موقع الكتروني خاص به. إذا قام بتسمية أعماله تبعا لاسمه الشخصي، على سبيل المثال، *أعمال المهندس المعماري جون سميث*، فسيكون من السهل نسبيا أن يقوم باستبدال سيرته الذاتية بموقعه الالكتروني على الانترنت، ليكون جاهز ويقوم بنشره.

بغض النظر عن هذه العملية المريحة وعلى الرغم من أن الفائدة الحقيقية تكمن بقدرته على الاحتفاظ بنفس اسم المجال و "Google Juice" الذي ربما تراكمت خلال فترة الخمس سنوات. أمران يبحث عنهما Google عادة، اسم النطاق وعدد المواقع الأخرى المرتبطة به. ما يعنيه هذا، هو أنه وبمجرد وجود سيرة ذاتية على الإنترنت، فأنت تعطي لنفسك نقطة انطلاق إذا احتجت إلى إنشاء موقع ويب كامل باسمك. إذا أضفت مدونة إلى سيرتك الذاتية على الإنترنت، عندها ستكون الفائدة من محركات البحث ال SEO أكبر، ومع مرور الوقت تقوم ببناء رصيد لك على الانترنت. إنها فكرة ذكية حقًا، ولو عاد بي الزمن الى الوراء، فهذا بالضبط ماكنت سأفعله. سأبدأ بشكل صغير، وأقوم ببناء موقع صغير لسيرتي الذاتية، وأضيف إليه المعلومات بمرور الوقت، وبعدها أقوم بتطويره ليصبح موقعًا كاملاً، وعندما أكون جاهزًا في النهاية لفتح متجر، سيكون لدي موقع ويب جاهز للعمل على الفور.

هل ترغب في الحصول على سيرة ذاتية على الإنترنت، تواصل معنا الآن عبر موقعنا الإلكتروني

www.samimlycv.com

الفصل السادس

التجهيز النهائي قبل المقابلة الشخصية

نصائح المقابلة الشخصية

في الكثير من الأوقات نعتقد أن السيرة الذاتية المثالية فحسب هي التي تؤهلنا لنحصل على الوظيفة التي نرغب بها ولكن مقابلة العمل لا تقل أهمية عن السيرة الذاتية بل هي التي تعززها وتؤكد على صدق ما كتبته فيها من معلومات، لذلك سنقدم لك بين يديك أهم النقاط التي تحتاج لمعرفتها لتضمن لك مكاناً بين موظفي الشركة التي ترغب في العمل بها بل وسنخبرك ببعض الوسائل التي يمكنك استخدامها لتحصل على وظيفة أحلامك.

سنتحدث بداية عن ما يسبق المقابلة وكيف تستعد لهذا اليوم المهم، ثم سنتطرق إلى الأمور التي يتوجب عليك التركيز عليها أثناء المقابلة لتنقل صورة إيجابية عنك لمن معك وبعد ذلك سنسرد بعض الأخطاء الشائعة التي عليك تجنبها حتى لا تضيّع فرصتك في العمل في المكان الذي ترغب به ، وأخيراً سنريك ما عليك فعله بعد الانتهاء من المقابلة.

كيف أستعد للمقابلة الوظيفية؟

1. **المظهر العام** : قد يبدو الاهتمام بالمظهر أمراً ثانوياً حين نتحدث عن العمل لكنه في الحقيقة يعطي انطباعا مبدئياً عن اهتمامك بنفسك وبالتالي انعكاس هذا على اهتمامك بتقديم الأفضل للشركة، لذلك احرص على الحضور للمقابلة بملابس نظيفة ومناسبة. فلا ترتدي ملابساً كثيرة الألوان أو خاصة بالحفلات، بل احرص على أن تكون الملابس رسمية مع تخفيف الاكسسوارات والمكياج للنساء.

2. **البحث والاطلاع** : ابحث عن الشركة في موقعها الخاص على الإنترنت لتأخذ خلفية عنها وعن طبيعة عملها. سيقدرون الجهد الذي بذلته وحتى تكون مستعداً إن طرح عليك سؤال يتعلق بشركتهم

- ابحث ما إذا كانت الشركة وثقافتها تناسبك أم لا
- ابحث عن منتجات الشركة و خدماتها وما يميزهم عن المنافسين
- تعرف على إنجازات الشركة و الجوائز التي حصلوا عليها
- اذا كان للشركة موقع الكتروني وصفحات تواصل اجتماعي فطالعها جيدا واقرأ بقدر ما تستطيع عن هذه الشركة.
- من الأفضل أن تعرف أكثر من منافسيك على الوظيفة.

جهز مجموعة من الأجوبة على الأسئلة التي يكثر تكرارها في مقابلات العمل مثل : لماذا تعتقد أنك الأنسب لهذه الوظيفة؟ لماذا تريد العمل هنا؟ اذكر مشكلة واجهتك واستطعت التغلب عليها؟ اذكر أهم نقاط قوتك وضعفك؟ لماذا تركت عملك السابق؟ تجنب الإجابات الآلية المكررة ثم تدرب على ما اخترته من إجابات مناسبة بصوت عال لأن ذلك سيرفع من ثقتك بنفسك وقت المقابلة (في نهاية هذا القسم تجد أمثلة لمجموعة من الإجابات المناسبة للأسئلة السابق ذكرها والتي من الممكن أن تفتح ذهنك لتكوين إجاباتك الخاصة).

3. **التدريب :**

تدرب على المقابلة بمساعدة أحد أصدقائك. يمكن لصديقك أن يمثل دور المقابل ويطرح عليك مجموعة من الأسئلة. قد يفيدك ذلك لتخفف التوتر الذي قد يطرأ عليك وقت المقابلة ، يمكنك أن تقوم بذلك بمفردك إن لم تجد أحداً ليساعدك. بقليل من الخيال والتمرين ستكون جاهزاً لأي سؤال قد يطرح عليك ، وكما ذكرنا في الخطوة السابقة فإن التدرب بصوت عالٍ مفيد جداً وسيزيد من ثقتك في نفسك.

في نهاية المقابلة، غالباً ما سيسألك المقابل إن كنت تملك أي أسئلة لطرحها عليه، لذلك من الأفضل أن تحضر مجموعة من الاسئلة لتطرحها، لأنها ستفتح الباب أمامك لتضيف ما لديك من معرفة وخبرات في أمور قد تفيد الشركة وركز على جعلها مرتبطة بالمنصب الذي يبحثون عنه والتي تدلل على اهتمامك بالعمل معهم، مثل: ما هي مسؤولياتي في المنصب؟ مع من سأتعامل؟ ما الصعوبات التي قد أواجهها؟ ما لذي سأحتاج لمعرفته لأنجح في عملي وأرتقي بنفسي وبالشركة؟

4. **الاستعداد النفسي:** إن كنت تشعر بالتوتر فمارس بعض الرياضة أو الرقص أو التأمل واستمع للموسيقى لتساعدك على الإسترخاء، ولكن لا ترهق نفسك كثيراً خاصة إن لم تكن معتاداً على ممارسة الرياضة بشكل يومي. بعض المشي والقفز وتمارين الظهر والبطن ستفي بالغرض.

5. **المهنية:** لتؤكد على مهنيتك العالية واهتمامك بالمنصب الذي تتقدم إليه، تأكد من طباعة سيرتك الذاتية وجميع الأوراق التي قد يسألك عنها المقابل وإحضارها معك للمقابلة وسيكون من الجيد أن تراجع ما كتبته في سيرتك الذاتية وأوراقك لتكون جاهزاً حين يسألك عنها المقابل.

ما الذي يتوجب عليّ التركيز عليه أثناء المقابلة؟

1. **احضر مبكراً** : احضر في الوقت المناسب للمقابلة، حضورك قبل المقابلة ب 10 – 15 دقيقة سيدلل على اهتمامك بالوقت والعمل، لذلك إن كان مكان الشركة التي تتقدم إليها بعيداً عن منطقتك أو في منطقة غريبة عليك فيفضل أن تقوم بالذهاب للمنطقة في اليوم السابق للمقابلة لتتأكد من معرفتك بالمكان ولتكون مستعداً في اليوم التالي فلا تتأخر .

2. الحضور المبكر مهم فعلاً ولكن الحضور المبكر جداً قد يدلل على خوفك وحاجتك الشديدة للعمل لذلك تجنب أن تحضر قبل المقابلة بأكثر من نصف ساعة بل حاول اختيار الوقت المناسب (يمكنك ان تأتي مبكرا و تجلس في احد المقاهي القريبة من مكان المقابلة)

3. كذلك كن منشغلاً بينما تنتظر حضور المقابل فراجع سيرتك الذاتية وأوراقك او أحضر معك كتابا و اقرأ فيه .

4.   **سوّق لنفسك:** أظهر أنك الشخص المثالي لهذه الوظيفة. ركز على النقاط المشتركة بين مهاراتك وبين المهارات التي يبحثون عنها. اربط بين المتطلبات التي يرغبونها وأظهر لهم أنك تملك ما يبحثون عنه، على سبيل المثال: إن كنت تتقدم لوظيفة تتطلب مهارات عالية في القيادة والتواصل مع الناس فحاول إظهار أنك تملك هذه المهارات ولا تنس التركيز على الفائدة التي سيجنونها من تعيينك أكثر من تركيزك على منفعتك الخاصة، أثبت أن لديك القدرة على حل المشاكل وأن بإمكانهم الوثوق بك وأنك على قدر عال من المسؤولية ولا تتردد في ذكر أمثلة من تجاربك السابقة لتدلل على كلامك.

5.   **اعترف بجهلك:** تجنب الادعاء بأنك تعلم شيئاً أنت في حقيقة الأمر لا تعرف عنه شيئاً. اعترف بعدم معرفتك بوضوح وبساطة. إذا سألك المقابِل سؤالاً مباشراً وأنت لا تملك جواباً يمكنك أن تضع اقتراحاً أو تقوم بتخمين ولكن عليك أن توضح أن ما ذكرته هو رأيك الخاص بينما تذكر لهم طرقاً للبحث عن المعلومة التي لا تعرفها لتريهم أنك قادر على إيجاد المعلومة وإن لم تمتلكها.

6. **التزم بآداب الحديث**: المقابلة الوظيفية ليست عبارة عن مجادلة بين طرفين أو اتفاق، هي محادثة فشارك بها ببساطة. حاول جعلها متوازنة، فكر قبل أن تتحدث، لأنك إذا تحدثت في 90% من زمن المحادثة سيأخذون عنك انطباعاً بأنك كثير الكلام ولا تملك مهارات الاستماع والإنصات، وإذا تحدث المقابل في 90% من زمن المحادثة فإنك لن تكون قد أعطيت ما لديك بما فيه الكفاية ولن يتمكن من تكوين صورة جيدة متكاملة عنك وعن مهاراتك، لذلك كن متوازناً تحدث وأنصت و لا تقاطع الطرف الآخر بل اسمح له بإكمال حديثه.

7. **انتبه وركز** : من أسوء الأمور التي قد تفعلها هي أن تطلب من المقابل أن يعيد سؤالا لأنك لم تكن تعره تركيزك وانتباهك. إن فقدت التركيز وأردت منه أن يعيد ما قاله فاطلب أن يوضح السؤال بدلا من أن تطلب منه إعادته.

8. **لغة الجسد**: اجلس باستقامة وانظر في عيني المقابل وهو يحدثك لتظهر انتباهك التام للمحادثة. إن كنت لا تستطيع النظر في عينيه فهناك حيلة صغيرة يمكنك استخدامها وهي أن تنظر في المساحة التي بين عينيه أعلى أنفه ولن يلاحظ الفرق بل سيعتقد أنك فعلياً تمتلك مهارات تواصل عالية، يمكنك تجربتها مع أحد أصدقائك وسترى أنها تعمل كالسحر.

9. **كن إنساناً** : لا تتعلق كثيراً بما تقرأه عن طرق الحصول على وظيفة أحلامك وتحاول تنفيذه حرفياً فتنسى أن تكون على سجيتك. كن على تواصل دائم مع ذاتك والآخرين، كن حقيقياً وصادقاً. لا بأس أن تخبر المقابل أنك تشعر ببعض التوتر فهو سيتوقع ذلك على أي حال وسيخفف اعترافك بالأمر من توترك.

تذكر دائماً أن المقابلة الوظيفية ليست جدالاً بل هي مجرد محادثة ولتعلم أن الشركة ترغب بك وتحتاجك كما أنت ترغب بالعمل لديهم .

ما الأخطاء الشائعة التي علي تجنبها ؟

1. لا تظهر حاملاً معك طعاماً ولا حتى كوباً من القهوة. بعض الناس يعتقدون أنه لا بأس من إحضار مشروباتهم للمقابلة ولكن في الحقيقة فإن هذا التصرف قد يبدو غير لائقاً في نظر المقابل.

2. لا تنظر لهاتفك أثناء المقابلة. أطفئه قبل أن تبدأ واجعل كل تركيزك على المقابلة لتبين أن هذا العمل أهم لديك من الرد على رسائلك ومكالماتك.

3. لا تتحدث عن المال. المقابلة الوظيفية ليست هي الوقت المناسب للتحدث عن النقود بل للتحدث عن مهاراتك وقدراتك المتناسبة مع الوظيفة. إن سُئلت عن المبلغ الذي تقترحه للعمل الذي ستؤديه، يمكنك أن توضح أنك قد ذكرت ذلك في سيرتك الذاتية.

4. لا تنتقد زملاءك في عملك السابق أو رئيس عملك، كما لا تبالغ في مجاملتهم. إن سئلت عن سبب تركك لوظيفتك السابقة فلا تنتقد أحداً بل اذكر أنك تبحث عن فرصة جديدة لتطور من ذاتك .

5. لا تدخن قبل الحضور للمقابلة لأن التدخين غالباً ما يدلل على توترك الشديد ، وقد أثبتت دراسة حديثة بأن 90% من أصحاب الأعمال يفضلون تعيين غير المدخنين على المدخنين. بغض النظر عن صحة هذه الدراسة عليك تجنب أن تدخن قبل موعد المقابلة.

أمثلة على إجابات مقترحة تعتبر مناسبة لأسئلة المقابلة :

تحدث عن نفسك ؟

الإجابة المناسبة لهذا السؤال هي عن طريق التركيز على الجانب الوظيفي والأكاديمي المتعلق بك أي شهاداتك وخبراتك. يمكنك التحدث عن نفسك عن طريق ربط ذلك بالعمل كذكر أحد صفات شخصيتك التي ساعدتك سابقاً على التغلب على أحد التحديات التي واجهتها. تجنب الحديث عن هواياتك وحياتك الخاصة إلا إن سئلت عنها.

لماذا تعتقد أنك الأنسب لهذه الوظيفة ؟

حاول إظهار مهاراتك التي اكتسبتها في عملك السابق. وإن كنت حديث التخرج فاذكر الأنشطة الجامعية التي شاركت بها أو المشاريع التي قمت بها وكيف تغلبت على المشكلات التي واجهتها مع ذكر الأمثلة التي تعزز كلامك وتعطيه طابعاً واقعياً. لا تقلق إن كنت تشعر أن هناك منافسة قوية على الوظيفة التي تتقدم إليها، يمكنك أن تؤكد على قدرتك السريعة على التعلم وحب التحديات.

اذكر أهم نقاط قوتك وضعفك ؟

نقاط القوة : كن صادقاً ولا تذكر شيئاً أنت لا تملكه. إن كنت جيداً في تنظيم وقتك وكنت انساناً منظماً فإن هذه صفة جيدة. يمكنك أن تذكر اهتمامك بالتفاصيل أو قدرتك على التواصل مع الناس، أو أنك سريع التعلم. أياً كان ما تذكره عليك أن تكون صادقاً ولا تنس ذكر الأمثلة التي تبرهن على صدقك.

نقاط الضعف: لا تذكر شيئاً سيئاً عنك بل اذكر صفة قد تكون سيئة بالمجمل ولكنها جيدة في مكان العمل. مثلاً : يمكنك أن تقول أنك تتعب نفسك في العمل جداً لدرجة الإرهاق فلا تجد أحياناً مكاناً لجوانب حياتك الأخرى، أو أنك ملول بطبعك فلا يمكنك أن تبقى إلا مشغولاً ، أو يمكنك أن تذكر أنك تتوتر حين يقترب موعد تسليم أي مشروع أو ملف فترهق نفسك في العمل إلى أن تنتهي منه، أو أنك حين تبدأ بالعمل فإنك تغرق فيه فتنسى أحياناً أنك تعمل ضمن فريق فينتهي بك المطاف وأنت تنجز أعمال الآخرين. واذكر أنك تعمل على تحسين نقاط ضعفك هذه . المغزى هو أن تجعل نقاط ضعفك الشخصية تبدو كنقاط قوة في بيئة العمل.

لماذا تريد العمل هنا ؟

اذكر أهم المميزات التي تتمتع بها الشركة والتي تجذبك للعمل بها. كن صادقاً واذكر أنك تريد أن تطور من ذاتك وأن الشركة تمنحك الفرصة لذلك.

اذكر مشكلة واجهتك واستطعت التغلب عليها؟

هذا السؤال بسيط أجبه بوضوح ولكن لا تحاول أن تنتقد أحداً أثناء ذكرك للمشكلة، بل أسرد المشكلة ثم الطريقة التي حللتها بها وكيف أفادتك هذه التجربة في حياتك العملية. تجنب أن تكون مشكلة مرتبطة بالأشخاص كشجارك مع رئيس عملك أو أحد زملائك بل اجعلها متعلقة بالعمل كمساعدتك للشركة في إنجاز أمر كان من الصعب إنجازه في وقته، أو إن كنت حديث التخرج فتحدث عن التحديات التي مررت بها أثناء دراستك وقيامك بالمشاريع والأنشطة الجامعية واذكر الفائدة التي تعلمتها من مرورك بهذه التجربة.

لماذا تركت عملك السابق؟

إن كان قد سبق لك العمل وطرح عليك المقابل هذا السؤال فتجنب كما في السؤال السابق الحديث بسوء عن الشركة التي كنت تعمل لديها أو عن زملائك أو رئيس عملك ،كما لا تتحدث عن المال وأنك كنت تقبض مبلغاً بسيطاً. ركز على رغبتك في النمو والتطور ويمكنك أن تذكر أنك شعرت في عملك السابق بأنك تقف في مكان واحد ولم تكن تجد مساحة لزيادة خبراتك وتطوير ذاتك لذلك بحثت عن عمل جديد لأنك شخص طموح تحب التطور والنمو.

أين ترى نفسك خلال ال10 سنوات القادمة ؟

إن كان لديك خطة واضحة لحياتك المهنية خلال ال10 سنوات القادمة فهذا جيد جداً. حاول إظهار كيف أن عملك في هذه الشركة سيمنحك الفرصة للوصول لما تصبو إليه في المستقبل. إن كنت تخطط لأن تكون مديراً مثلاً فتحدث عن عملك مع الكثير من رؤساء العمل الذين زودوك بقدر كاف من الخبرة لجعلك ترى نفسك مديراً في ال10 سنوات القادمة، إن كنت ترى نفسك في مجال آخر غير المنصب الذي تقدمت إليه فيمكنك أن تذكر أن عملك في هذه الشركة قد يمنحك مهارات جديدة ستفيدك في المجال الذي تنوي الانتقال إليه في المستقبل.

ما بعد المقابلة :

■ يفضل أن تبقى على تواصل مع الشركة لتبقى في أذهانهم وتستطيع المنافسة على المنصب الذي تقدمت إليه. لا نقصد بالتواصل أن تكثر من الاتصالات الهاتفية فينزعجوا منك خاصة إذا كانت شركة مرموقة. يكفي أن ترسل رسالة إلكترونية لتظهر اهتمامك بالعمل لديهم.

■ أشكر المقابل على منحه من وقتك ليجري معك المقابلة وتجنب سؤاله عن أدائك فيها.

الفصل السابع

تألق في مقابلة العمل

طريقة "ستار" STAR
سبيلك إلى النجاح في مقابلة العمل القادمة

تقديم:

تخيّل أنك في مقابلة عمل، والأمور تسير على مايرام، لم تضل طريقك إلى المكتب، وقمت بإجراء بعض المحادثات الودية الصغيرة مع مدير التوظيف، وتجيب بسلاسة على الأسئلة التي يتم طرحها عليك. وحالما تبدأ في اعتقاد أنك قد ضمنت نجاح هذه المقابلة، تتفاجأ بالقائم بالمقابلة يوجه إليك الحديث قائلاً:

«أخبرني عن موقف كنت فيه ...»

فتشعر بانقباض في معدتك، وتبدأ بعصف ذهنك والتفكير بأي حادثة يمكنك ذكرها كمثال، كمن يتعلق بقشه. وأخيراً لا تخطر لك سوى حكاية لا تشعرك بالرضى.

بادئ ذي بدء، تأكد أننا جميعاً مررنا بهذه التجربة. تصعب الإجابة عن هذا النوع من أسئلة المقابلات. لكن إليك الخبر السار، هناك إستراتيجية يمكنك استخدامها للتوصل إلى إجابات أكثر إثارة للإعجاب لهذه الأسئلة المربكة، هي طريقة "ستار" STAR في المقابلات.

ما هي طريقة STAR في المقابلات؟

تقدم هذه الطريقة صيغة مباشرة يمكنك استخدامها للإجابة عن أسئلة المقابلة التي تهدف إلى التعرف على سلوك المرشحين. تلك الإجابات التي تتطلب منك مثالاً واقعياً لكيفية تعاملك مع موقف معين سبق أن واجهته في العمل.

لا داعي للقلق، فهذه الأسئلة يسهل التعرف عليها, لاستهلاكها في كثير من الأحيان بعبارات مثل:

- أخبرني عن موقف...
- ماذا تفعل عندما ...
- هل سبق لك ...
- أعطني مثالاً ل...
- صف لنا...

التفكير في مثال ملائم لإجابتك يعتبر مجرد بداية، ثم ستحتاج أيضاً إلى مشاركة التفاصيل بطريقة جذابة وسهلة الفهم، دون هذر.

هذا بالضبط ما تمكنك منه طريقة "ستار" في المقابلة. إنها طريقةٌ مفيدة جداً لأنها توفر إطاراً بسيطاً لمساعدة المتقدم لوظيفة على سرد قصة ذات معنى عن تجربة عملٍ سابقة.

إذن، دعنا نفصل هذه الطريقة، وخطواتها:

STAR هي كلمة أوائلية، مكونة من أوائل حروف الكلمات التالية:

Situation 'الموقف': صف الحدث وأضف التفاصيل الضرورية.

Task 'المهمة': وضح مسؤولياتك في هذا الموقف.

Action 'الإجراء': اشرح بالضبط الإجراءات التي اتخذتها لمعالجتها.

Result 'النتيجة': اذكر النتائج التي حققتها إجراءاتك التي إتخذتها.

باستخدام هذه المكونات الأربعة لرواية قصتك، سيكون من الأسهل استخدام إجابات مركزة، مما يوفر للقائم بالمقابلة حكايةً مقنعة بما فعلته، واستناداً إلى ذلك قد يحدد مدى ملاءمتك للوظيفة.

الإجابة على أسئلة المقابلة بإستخدام طريقة STAR:

تعتبر معرفة ما تمثله حروف هذه الكلمة الخطوة الأولى فحسب. تحتاج أيضاً إلى معرفة كيفية استخدامها. اتبع هذه الخطوات لتقديم أفضل الإجابات أثناء المقابلة.

اذكر المثال مناسب:

لن تكون هذه الطريقة مناسبةً لك إذا كنت تستخدمها لتقديم إجابة بسرد قصة لا علاقة لها بالسؤال المطروح. لهذا السبب فإن نقطة البداية الحاسمة هي العثور على سيناريو مناسب يمكنك الحديث عنه من تاريخك المهني.

لا توجد وسيلة لتعرف بها بالضبط ما سيطلبه منك الشخص الذي سيجري معك المقابلة. مع وضع هذا في الاعتبار، من الجيد أن تكون لديك بعض القصص والأمثلة الجاهزة والتي يمكنك تعديلها بحيث تتكيف مع الأسئلة المختلفة.

وإذا لم تستطع استحضار المثال المناسب أثناء المقابلة، فلا تتردد في طلب دقيقةً للتفكير حتى تتمكن من تقديم إجابة جيدة.

استعرض الموقف:

بعد اختيار قصتك، يحين الوقت لوصف الموقف. قد تصعب مقاومة إضافة التفاصيل غير الضرورية، لا سيما عندما تكون أعصابك مشدودة، لكن إذا طلب القائم بالمقابلة منك أن تخبره عن موقفٍ لم توفِ فيه بتوقعات العميل، على سبيل المثال، فهو لا يحتاج بالضرورة إلى معرفة قصة بداية تعامل العميل مع الشركة قبل ثلاث سنوات أو كامل تاريخ الصفقة أو المشروع.

هدفك هنا هو رسم صورة واضحة للوضع الذي كنت فيه، والتأكيد على تعقيداته، بحيث تبدو النتيجة التي يلمسونها فيما بعد أكثر تأثيراً. اجعل الأمر موجزاً وركز على الجوانب المهمة من قصتك.

جوهر طريقة STAR هو الايجاز، لذا حاول تلخيص كل خطوة في جملتين أو ثلاث جمل. على سبيل المثال، تخيل أن القائم بالمقابلة قال لك: «أخبرني عن موقف حققت فيه هدفاً كنت تعتقد أنه يستحيل تحقيقه في البداية»

إجابتك (الموقف): «في وظيفتي السابقة في مجال التسويق الرقمي، قررت الشركة التي كنت أعمل بها التركيز على التسويق عن طريق البريد الالكتروني، وتتطلع لزيادة عدد المشتركين في القائمة البريدية زيادة كبيرة».

قم بتمييز وإظهار المهمة:

أنت تخبرهم بهذه القصة لسبب، لأنك حققت انجازاً مهما فيها. هذا الجزء من إجابتك هو ما يجعل القائم بالمقابلة يدرك مدى ملاءمتك للدور الوظيفي.

قد تكون عرضة للخلط بين هذا الجزء من إجابتك وبين جزء "الإجراء الذي قمت به". ومع ذلك، هذا الجزء مخصص لتقديم تفاصيل عن مسؤولياتك في هذا السيناريو المحدد، بالإضافة لأي هدفٍ تم تعيينه لك، قبل الخوض في الإجراءات التي اتخذتها.

مثلا:

إجابتك (المهمة):

«بصفتي مدير التسويق عبر البريد الإلكتروني، كان هدفي هو زيادة قائمة عملائنا عبر البريد الإلكتروني بنسبة 50% على الأقل كل ثلاثة أشهر».

اذكر كيفية اتخاذك للإجراءات:

الآن بعد أن أعطيت القائم بالمقابلة فكرة عن دورك، حان الوقت لشرح ما فعلته. ما الخطوات التي إتخذتها للوصول إلى الهدف أو حل المشكلة؟

قاوم الرغبة في تقديم إجابات غامضة أو مبهمة مثل: «لذا عملت بجد على ذلك...»، أو «أجريت بعض الأبحاث...».

هذه هي فرصتك لعرض مساهمتك الفعلية، وهي تستحق بعض التفاصيل. تأكد من أنك تقدم معلومات كافية حول ما فعلته بالضبط. هل عملت مع فريق معين؟ هل استخدمت برنامجاً معيناً؟ هل وضعت خطةً مفصلة؟ هذه هي الأشياء التي يريد القائم على المقابلة معرفتها.

مثلاً:

إجابتك (الإجراء):

«بدأت بالعودة للمحتوى القديم لمدونتنا، و إدخال تحسينات على المحتوى. الأمر الذي أدى إلى زيادة عدد اشتراكات البريد الألكتروني, والتي أعطت دفعة قوية لقائمتنا على الفور. بعد ذلك عملت مع بقية فريق التسويق على التخطيط لاستضافة ورشة عمل عبر الإنترنت تتطلب عنوان البريد الألكتروني للتسجيل بها مما أدى لتوجيه المزيد من المستخدمين المهتمين للالتحاق بقائمتنا».

استعرض النتيجة:

ها هو وقت تألقك، بشرح كيفية إحداثك لفرق إيجابي. في هذا الجزء الأخير من إجابتك، يجب أن تذكر نتائج الإجراء الذي اتخذته، ومن الأفضل أن تكون إيجابية، بالطبع. وإلا لكانت هذه القصة ليست بالقصة التي يجب عليك سردها. لن ينبهر أي أحد من المحاورين بقصة تنتهي بـ «ثم تم طردي».

هل يعني هذا أنك لا يمكنك سرد قصص عن المشاكل والتحديات التي واجهتها؟ قطعاً لا. لكن حتى وإن كنت تتحدث عن تجربة فاشلة، أو خطأً ارتكبته، فتأكد أن تختم كلامك بملاحظة إيجابية بالحديث عما تعلمته وما فعلته لتطوير نفسك.

يتخطى معظم المرشحين هذا الجزء الأخير المهم من إجاباتهم. إذ لا يوضحون النتيجة النهائية المترتبة على الإجراءات التي اتخذوها، وهذا هو أهم ما ينبغي أن تتضمنه الإجابة.

تذكر أن القائمين بالمقابلة لا يهتمون بما فعلته فحسب، بل يودون أيضاً معرفة أهميته. لذا تأكد من تسليط الضوء على النقطة التي تدور حول أي نتائج تحققها وقياسها ما أمكنك ذلك، فالأرقام دائماً لها أثراً كبير. مثلاً:

إجابتك (النتيجة): «نتيجةً لهذه الإجراءات التي اتخذتها حيال استراتيجية البريد الالكتروني الخاصة بنا، تمكنت من زيادة قائمة المشتركين لدينا من 25000 إلى 40000 مشترك خلال ثلاثة أشهر وهو ما يتجاوز هدفنا بنسبة 20%»

الخلاصة:

يبدو الأمر منطقياً الآن، أليس كذلك؟ إليك سؤال أخير وإجابة للتوضيح:

يقول القائم بالمقابلة: «أخبرني عن موقف توجب عليك فيه أن تكون دقيقاً في تطبيق إستراتيجيتك من أجل تنفيذ أهم أولوياتك؟»

الإجابة:

الموقف: «في وظيفتي السابقة في مجال المبيعات، كنت مسؤولاً عن التحول لنظام إدارة علاقات العملاء جديد كلياً، بالإضافة إلى التعامل مع مكالمات ومسؤوليات المبيعات اليومية».

المهمة: «كان الهدف هو إتمام التحول خلال الربع الثالث من العام دون انخفاض أي من الأرقام الخاصة بمبيعاتي دون المعدل المستهدف».

الإجراء:

«من أجل القيام بذلك، كان علي توخي أقصى درجات الحذر حيال كيفية إدارة وقتي. لذلك خصصت ساعة من كل يوم برزنامتي للتحول إلى النظام الجديد. وعملت على نقل البيانات، بالإضافة لتحديث المعلومات وجهات الإتصال القديمة. وقد وفر لي ذلك وقتاً كافياً لتنفيذ المشروع بالإضافة للقيام بالمهام اليومية بسلاسة».

النتيجة:

«نتيجةً لذلك، تم الإنتهاء من عملية التحول بالكامل لنظام إدارة علاقات العملاء قبل أسبوعين من الموعد النهائي, وحققت زيادة في المبيعات بنسبة 10% إضافة إلى المعدل المستهدف».

قد تبدو طريقة STAR للإجابة عن أسئلة مقابلات العمل التي تستهدف رصد السلوك غامضة بعض الشيء في البداية، لكنها ستغدو طبيعيةً مع الممارسة. فالتدريب شيء لا بد منه، بالطبع.

وسواء كنت في مقابلة تجريبية أو تتمرن على المرآة، تمرن على تقديم إجاباتك بحيث تبدو سهلة وطبيعية في المقابلة.

مع القليل من الممارسة والإعداد، سترى أن أسئلة مقابلات العمل التي تستهدف الجوانب السلوكية ليست عبئاً ثقيلاً وفرصة للتأكيد على مؤهلاتك العالية.

الفصل الثامن

طرق مختصرة تسهل عليك رحلتك نحو الثريا

ماهو نظام تتبع طلبات المتقدمين للوظائف؟

(ATS)

إن أنظمة تتبع طلبات المتقدمين للوظائف هي عبارة عن برامج تستخدمها الشركات لمساعدة قسم الموارد البشرية في التوظيف وتلبية إحتياجاتها من الكفاءات البشرية المطلوبة. بحيث يقدم كل نظام مجموعة مختلفة من الميزات, وتستخدم بشكل أساسي لمساعدة شركات التوظيف على تنظيم وتصفح أعداد كبيرة من طلبات المتقدمين للوظائف.

بعد تقديم طلبات توظيف لا تعد ولا تحصى دون تلقي أي ردود, يسعى الباحثون عن عمل عبر الانترنت للحصول على إجابات، ومايكتشفونه لاحقاً، هو أن شركات برامج التوظيف المستخدمة لجمع طلبات الوظائف تقف بينهم وبين الشركة الموظفة ومقابلة العمل، حيث تُصعّب أنظمة تتبع طلبات المتقدمين إلى الوظائف هذه على الباحثين عن عمل وضع سيرتهم الذاتية أمام صانعي القرار.

ما هو نظام تتبع طلبات المتقدمين للوظائف؟

تستخدم الشركات أنظمة تتبع طلبات المتقدمين للمساعدة في عمليات التوظيف، وكل نظام يقدم مجموعة مختلفة من الميزات والأُطر. إلا أن هذه الأنظمة تستخدم بشكل أساسي لمساعدة شركات التوظيف على جمع طلبات المتقدمين وتنظيمها وتصفيتها.

إذاً فإن الباحثين عن عمل والذين يقدمون سيرتهم الذاتية وطلبات التوظيف الخاصة بهم من خلال نماذج التقديم عبر الإنترنت يتفاعلون بالأحرى مع أنظمة تتبع طلبات الوظائف.

لماذا تستخدم الشركات أنظمة تتبع طلبات المتقدمين إلى الوظائف؟

إن سهولة تقديم طلب لوظيفة عبر الإنترنت شكل تحدياً لشركات التوظيف، حيث يمكن لإعلانات الوظائف عبر الإنترنت جلب المئات من الطلبات التي قد يعود الكثير منها إلى باحثين عن عمل غير مؤهلين حسبوا أن الأمر يستحق المحاولة. فبدلاً من القيام بفرز مجموعة كبيرة من السير الذاتية الوارقية، أو طلبات التقديم للوظائف التي قد يزدحم بها البريد الألكتروني، نجد إن مسؤولي التوظيف يستخدمون أنظمة تتبع طلبات المتقدمين للوظائف للحفاظ على عملهم بشكل منظم وفعال، هذا الحل مهم جداً بالنسبة للشركات التي تعرض وظائف ومناصب متعددة شاغرة في وقتٍ واحد.

من بين المميزات الأخرى يقدم نظام تتبع طلبات المتقدمين إلى الوظائف أدوات مثل إدارة علاقات المرشحين أو المتقدمين للمساعدة في تبسيط قنوات التوظيف والتواصل مع المتقدمين، وتوزيع إعلانات الوظائف، والتأكد من إمتثال المتقدم لأي إشتراطات أو إجراءات حكومية كلجنة تكافؤ فرص العمل مثلً.

لماذا تُشكل أنظمة تتبع طلبات المتقدمين إلى الوظائف معضلةً بالنسبة للباحثين عن عمل؟

يمكن لشركات التوظيف جعل أنظمتهم لتتبع طلبات المتقدمين للوظائف تستخرج المعلومات تلقائياً من السيرة الذاتية لمقدم الطلب، لإنشاء ملف شخصي لمقدم الطلب، يمكن البحث عنه وتصفيته أو ترتيبه. والهدف من ذلك هو استبعاد الاشخاص غير المؤهلين بسرعة وتقليص عدد طلبات المتقدمين حسب الأفضلية.

لسوء الحظ بالنسبة للباحثين عن عمل، تفتقد معظم أنظمة تتبع طلبات المتقدمين للوظائف إلى الذكاء بحيث لا تتمكن من البحث عن المتقدمين وترشيحهم بصورة موثوقة، بحيث تسقط بعض طلبات المرشحين ذوي التأهيل العالي أثناء عملية البحث ويتم استبعادهم بصورة خاطئة من مجموع طلبات المتقدمين لأن بطلباتهم بعض الأخطاء المتعلقة بالتنسيق كما تفتقر للكلمات المفتاحية المناسبة لعملية البحث.

لذا من أجل أن يتم ملاحظة المتقدم للوظيفة، لا بد من تحسين سيرته الذاتية لتتلائم مع أنظمة تتبع طلبات المتقدمين إلى الوظائف.

أنظمة تتبع طلبات الوظائف الأكثر إستخداماً:

هناك العشرات من أنظمة تتبع طلبات الوظائف المستخدمة بواسطة الشركات الكبيرة والصغيرة

يعتبر أشهرها التالي:

● نظام TALEO (مستخدم من قبل شركات مثل: ستاربكس وبوينغ للطائرات وشركة نينتندو للألعاب الالكترونية)

● نظام ICIMS (مستخدم من قبل شركات مثل: ساوث ويست للطيران, وأمازون وأبر)

● نظام Greenhouse (مستخدم من قبل شركات مثل موقع بي إنتريست و وي وورك)

تقوم بعض الشركات الكبيرة بتطوير أنظمة تتبع طلبات المتقدمين للوظائف الخاصة بها مثل شركة غوغل ومايكروسوفت وأبل وفيسبوك.

لقراءة بقية هذه الفصل نرجو الدخول على الرابط التالي
https://blog.samimlycv.com/shortucts/

مع تمنياتنا لكم بحياة مهنية سعيدة و موفقة